Der BUDDHA – das bist DU

Der BUDDHA – das bist DU

Woody Hochswender
Greg Martin
Ted Morino

EchnAton Verlag

Titel der Originalausgabe:
›The Buddha in Your Mirror‹

First published in 2001 by Middleway Press

Aus dem Englischen von Armin Jäger
1. Auflage Februar 2015

Gesamtherstellung: Diana Schulz
Covergestaltung: HildenDesign, München
Lektorat: Angelika Funk
Druck: Hutter Druck GmbH & Co. KG
ISBN: 978-3-937883-61-8

Der BUDDHA – das bist DU

Inhaltsverzeichnis

»Keine Butternoten«

ein Vorwort von Herbie Hancock

Warum hast Du dieses Buch in die Hand genommen? Gerade jetzt, in diesem Moment? Bestimmt geht es Dir genauso: Egal wie es gerade läuft – wir könnten stets noch ein kleines bisschen glücklicher sein. Und wenn es gerade gut läuft – wie oft kam es schon vor, dass wir uns ohne Vorwarnung im Schützengraben unserer Ängste wiederfinden?

Und für diejenigen unter uns, die in diesem Leben scheinbar mit allem gesegnet sind: Auch bei ihnen gibt es Zeiten, in denen all das Gute nicht dazu führt, voller Freude zu leben. Da muss es doch noch etwas geben, etwas Tieferes.

Oder wenn augenscheinlich alles glatt läuft, erkennen wir oft nicht, dass wir bereits mitten im Sumpf stecken. Ich denke an all die Zeitgenossen und Freunde aus meiner Branche, die kamen und gingen, an all die Legenden, die viel zu früh aus diesem Leben schieden, deren Musik und Stimme im Kampf gegen Krankheit und Drogen versanken. Dann steht die Frage, wie man nachhaltiges, dauerhaftes Glück erreicht, unverrückbar im Raum. Ob es dafür nicht einen Weg, nicht irgendeine Methode gäbe.

Das Leben als Jazz-Musiker ist nicht leicht – was sicher auch auf viele andere Berufe zutrifft. Es verlangt einem enorme Kräfte ab – körperliche wie geistige –, ständig auf Tour zu sein, manchmal jeden Tag ein neues Land zu bereisen, endlose Monate lang, dabei weiterhin aus seiner Kreativität zu schöpfen und bei alledem gesunde Beziehungen zu pflegen. Mitten in dieser rauen Wirklichkeit des Lebens, beruflich wie privat, war es diese leicht begreifbare, lebensstärkende Philosophie des Nichiren-Buddhismus, die mich gute neunundzwanzig Jahre lang nährte und mir Kraft gab.

Doch holen wir ein wenig weiter aus.

Ich komme aus keiner reichen Familie – wir waren sogar ziemlich arm. Ich kann von Glück reden, dass wir immer genug zu essen auf dem Tisch hatten. Und was noch wichtiger ist: Ich hatte die Unterstützung meiner Eltern. Sie ermutigten mich, meine Träume zu leben. Und sie unterstützten diese Träume so gut sie konnten. Sie konnten sich es eigentlich nicht leisten, mich aufs College zu schicken, aber irgendwie schafften sie es trotzdem.

Neben der Hilfe meiner Eltern wurde mein Leben wesentlich durch zahlreiche Mentoren geprägt, denen ich glücklicherweise immer wieder, bis heute, auf meinem Weg begegnen durfte. Drei von ihnen ragen besonders heraus. Die erste Mentorin war meine zweite Klavierlehrerin – Mrs. Jordan.

Damals, lange bevor der Jazz seinen Weg in mein Bewusstsein fand, war ich ein neunjähriger Junge mit gerade mal zwei Jahren Klavierunterricht. Das war 1949 in Chicago. Ich weiß nicht mehr, wie ich an Mrs. Jordan gelangte, doch bis heute habe ich nicht vergessen, was sie mich gelehrt hat. Nachdem sie mir eine Weile spielen zugehört hatte, sagte sie, ja, ich könne zweifellos gut Noten lesen. Doch noch in dieser ersten Stunde fragte sie mich, ob ich schon etwas über Anschlag, Nuancen, Phrasierung gehört hätte oder gar über das Atmen beim Klavierspiel – alles böhmische Dörfer für mich. Als ich dies verneinte, sagte sie: »Ich zeig's dir.« Dann setzte sie sich hin und spielte ein Stück von Chopin. Und es war so wunderbar, dass meine neunjährige Kinnlade runterfiel.

Mrs. Jordan lehrte mich, dass Klavierspielen viel mehr war, als nur die Noten spielen zu können. Dadurch, dass ich erleben durfte, wie viel Wärme, Würde und Leidenschaft sie in ihr Klavierspiel legte, bekam ich unmerklich eine Vorstellung davon, wie ich durch das Klavier mich selbst ausdrücken konnte.

Ihre Aufrichtigkeit und ihre fortwährenden Bemühungen, einem kleinen Jungen das eigentlich Unerklärliche nahezubringen, feuerten meine Lernbegierde an. Der Beweis ihres Talents als Lehrerin zeigte sich in nur eineinhalb Jahren: Ich gewann einen großen Klavierwettbewerb in Chicago und spielte mit dem Chicago Symphony Orchestra in der Orchestra Hall.

Im Unterricht mit Mrs. Jordan geschah es das erste Mal, dass ich in etwas scheinbar Vertrautem eine neue Dimension erkannte. Die Wucht dieser Erkenntnis wirkt bis heute nach. Meiner Ansicht nach ist es genau das, was großartige Mentoren erreichen: Sie zünden in dir die Fähigkeit, etwas auf eine völlig neue Art zu sehen, eine Art, die in dir eine ganz besondere Resonanz erzeugt. Und noch etwas bekam ich von Mrs. Jordan mit, ohne dass ich es damals schon erkannte: Ein Gefühl dafür, wie die Aufrichtigkeit eines Menschen einen dauerhaften Eindruck bei einem anderen Menschen hinterlassen kann.

Miles Davis war auch ein solcher Mentor. Er war ein einzigartiger Charakter, der sein Instrument und seine Musik so meisterhaft beherrschte, dass er ganz und gar überzeugt die Dinge so tat, wie er sie für richtig hielt. Miles erntete viel Kritikerschimpfe für seine Angewohnheit, mit dem Rücken zum Publikum zu spielen. Doch wir in seiner Band wussten: Er tat dies, um uns auf subtile Weise zu führen – ein winziges

Kopfschütteln hier, eine kleine Geste mit dem Horn da –, während er sein virtuoses Spiel fortsetzte. Miles ging seinen Weg und nie hatte er das Bedürfnis, sich für irgendetwas erklären zu müssen.

Wir, die wir mit und für Miles arbeiteten, kamen in den Genuss seines besonderen Genies, das weit über sein eigentliches Spiel hinausreichte. Wirklich einzigartig war sein Talent, uns alle in den Prozess hineinzuziehen und absolut alles zu integrieren, was wir gerade auftischten. Er sagte, er bezahle uns dafür, dass wir unsere Proben gleich auf die Konzertbühne verlegten, dass er uns für das Im-Moment-Erschaffen angeheuert habe, dass wir von uns selbst etwas beisteuerten. Ob auf der Bühne oder im Studio – immer wieder bewies er, dass er alles, was uns einfiel, aufgreifen und etwas daraus machen konnte. Oft hat er uns mit dieser Gabe den Hintern gerettet, nämlich indem er sogar unsere offensichtlichen Fehler in musikalische Themen verwandelte, die er sofort in alles einfließen ließ, was wir gerade spielten.

Und wenn wir steckenblieben, konnte er uns auf seine ganz eigene Art geschickt wieder raushelfen. Einmal, als mich das musikalische Äquivalent einer Schreibblockade befiel, lehnte sich Miles zu mir herüber und murmelte: »Mach im Bass mal ein H.« Leicht verblüfft versuchte ich, das, was er vielleicht gemeint haben könnte, einzuarbeiten. Und wie immer entzündete sich daraus ein Funke, der ihn nährte, dann wieder mich und in einem musikalischen Dialog mündete.

Ein andermal, als mir nichts Neues einfallen wollte und ich auf eingefahrenen Gleisen fuhr, ließ er folgende Bemerkung fallen: »Spiel nicht die Butternoten.« Mein Kopf begann zu schwirren. Letztlich nahm ich an, er habe damit sagen wollen, ich solle irgendwie das Offensichtliche sein lassen. Bis heute weiß ich nicht, ob Miles konkret wusste, was er damit gemeint hatte, aber ich beschloss, es sollte bedeuten, aus meinen Akkorden die Terzen und Septimen zu nehmen. Ohne jetzt zu sehr in musikalische Details zu gehen, sagen wir einfach: Dies hat den Sound so weit geöffnet, dass ich jedem, der mit mir improvisierte, viel mehr Raum geben konnte, die Möglichkeiten einer Melodie zu erkunden. Was immer in Miles vorging, seine Führung funktionierte: Wir fingen Feuer. Für mich ist das ein Musterbeispiel für großartige Führungsqualität. Anstatt mir irgendetwas vorzuschreiben, stimulierte er mich, die Lösung in mir selbst zu finden und unterstützte er mich die ganze Zeit über – im vollen Vertrauen darauf, mit uns immer in die Harmonie kommen und uns darin leiten zu können, gemeinsam eine Harmonie herzustellen.

Miles hat uns stets das Gefühl gegeben, dass jede(r) von uns etwas Einzigartiges besaß, das nur er bzw. sie beisteuern konnte. Er vermittelte uns dies mit wenigen Worten, meistens nur durch sein Verhalten. Damals konnte ich das nicht so klar erkennen – dies tat ich erst, nachdem ich mit der Ausübung des Nichiren-Buddhismus begonnen hatte.

Was mich zu dem dritten Mentor bringt, der mein Leben tief beeinflusste: Daisaku Ikeda. Als Präsident der Soka Gakkai International hat er immer wieder Türen aufgestoßen – für 12 Millionen Menschen in 163 Ländern –, damit sie Zugang finden zu den Prinzipien, die in diesem Buch dargelegt werden.

Für mich ist Daisaku Ikeda ein Mensch, der sich für ein schöpferisches Leben des Individuums einsetzt sowie für ein harmonisches Miteinander der Völker dieser Erde. Er engagiert sich für das Erreichen von Frieden, er lehrt jeden Menschen, wie er den Schlüssel in der Hand hält zur täglichen Erneuerung, zu geistiger Erfrischung und zum Erschaffen von glücklichen Lebensumständen.

In seinen unzähligen Schriften und Vorlesungen lehrt er, wie man sich die Kraft von Nam-Myoho-Renge-Kyo zunutze macht, diesem mystischen Prinzip, das unser Universum durchdringt. Indem ich seine Lehren in die Praxis umsetzte, habe ich Mauer für Mauer in meinem Leben niedergerissen und wurde Zeuge, wie viele Ziele und Träume in Erfüllung gingen. Inzwischen habe ich die feste Überzeugung, dass ich mit allem umgehen kann, was das Leben für mich bereithält.

Daisaku Ikeda dient mir als leuchtendes Beispiel für einen Menschen, der niemals aufgibt, sich niemals der Negativität unterwirft. Dadurch konnte ich mich so entwickeln, dass Glück zum Wesenskern meines Lebens wurde. Auch lernte ich von ihm, dass jeder Augenblick im Leben aus unendlich vielen Perspektiven betrachtet werden kann. Unter all diesen Perspektiven findet sich ein Weg, der mich in genau diesem Moment einen goldenen Pfad erkennen lässt und einen Diamanten in jedem Menschen. Dies zeigt Wirkung auf alles, was ich tue: von der Art und Weise, wie ich die Musik für eine Aufnahme arrangiere, wie ich improvisiere, bis hin zu der Art, wie ich die Menschen sehe, denen ich in den verschiedenen Bereichen meines Lebens begegne. Egal was sich von einem Menschen in einem bestimmten Augenblick gerade zeigt – es ist lediglich ein Teil dieses Menschen, der viel mehr und ganz ist. Jeder Mensch trägt den Samen der Erleuchtung in sich und verdient daher Respekt. Man vergisst dies nur allzu leicht, besonders wenn man mit den sogenannten »schwierigen Fällen« im Musik-Business oder anderswo zusammentrifft. Daisaku Ikedas beständiges Beispiel und seine Anleitung dienen mir als Messlatte für mein eigenes Verhalten; sie helfen mir, die besseren Seiten von anderen hervorzubringen, indem ich mich selbst täglich zu verbessern suche.

Neunundzwanzig Jahre buddhistische Ausübung haben mir eine gute Grundlage gegeben. Rückblickend habe ich einen Zugang zu meiner Musik gewonnen, mit dem ich recht glücklich bin. Für mich reicht die Freude des Musikmachens über Applaus, Preise und Fan-Zuspruch hinaus. Klar ist das schön, aber da ist etwas, das viel tiefer geht. Musikmachen bedeutet für mich vielmehr, tief im eigenen Herzen graben zu dürfen, dabei selbstbewusst verwundbar zu sein und diese Verwundbarkeit, diesen Kern unseres Menschseins, aufrichtig und offen auszudrücken. Es geht um das Gewahrsein deiner Umgebung – der anderen Musiker und der Zuhörer. Es geht darum, etwas von innen nach außen zu bringen und es in der Gegenwart manifest zu machen – es vom erhabensten Teil deines Lebens hervorströmen zu lassen. Es ist der Prozess, dies alles nicht nur zum eigenen Vergnügen zu tun, sondern mit der aufrichtigen Hoffnung, etwas im Leben der anderen zu bewegen – ihnen zu helfen, sich gut mit sich selbst zu fühlen, sie zu inspirieren, sich ihrer Möglichkeiten bewusst zu werden, Erhofftes für den Augenblick und Träume für die Zukunft tatsächlich zu erreichen, sie anzuregen, etwas Großartiges zu vollbringen.

Woody Hochswender, Greg Martin und Ted Morino haben mit diesem Buch großartige Arbeit geleistet. Diese drei Herren sind ebenfalls Schüler von Daisaku Ikeda und haben die Wirkung des Nichiren-Buddhismus am eigenen Leben erfahren, indem sie seine Anleitungen in die Praxis umsetzten. *Der Buddha – das bist DU* macht Nichirens tiefgründige Lehren in einfachen Begriffen leicht zugänglich.

Ob Du dieses Buch nur aus Neugier liest oder ob etwas in Dir gerade verzweifelt nach einem besseren Leben schreit: Ich ermutige Dich von Herzen, die praktischen Anleitungen einmal ernsthaft auszuprobieren, die *Der Buddha – das bist DU* für Dich bereithält. Vielleicht scheint Dir so etwas wie Buddhismus zu exotisch oder zu weit hergeholt für Deinen eigenen spirituellen Weg. Doch wenn Deine Gleise gerade ausgefahren sind, dann ist es an der Zeit, keine Butternoten mehr zu spielen und sich zu öffnen – um etwas Neues in der Melodie des Lebens zu entdecken. What can you lose … except your blues?

ooo

Der BUDDHA – das bist DU

1 Der Buddha in Deinem Spiegel

Solange jemand in Illusionen lebt,
nennt man ihn ein gewöhnliches Wesen,
doch ist er erleuchtet,
nennt man ihn einen Buddha.
Dies lässt sich mit einem
blinden Spiegel vergleichen,
der wie ein Juwel glänzt,
sobald er poliert wird.
– Nichiren

Wenn es eine Religion gibt,
die sich mit wissenschaftlichen
Bedürfnissen vertragen kann,
so wäre das der Buddhismus.
– Albert Einstein

Vögel singen. Der Wind weht. Die Erde dreht sich. Sterne funkeln und sterben. Galaxien kreisen anmutig durch den Weltraum. Der Mensch wird geboren, lebt, wird alt und stirbt. Die Muster des Daseins sind voller Geheimnisse und unermesslich. Wer kann sie auch nur ansatzweise verstehen? Unser Alltagsleben ist – wenn man nur genau hinsieht – ähnlich komplex: Wer kann zum Beispiel stets die Bedürfnisse eines dreijährigen Kindes ermessen, ganz zu schweigen von denen unserer Schwiegereltern oder unseres Chefs? Innerhalb eines einzigen Tages sind wir mal entzückt, mal verzweifelt. Triviale Dinge mögen uns vorübergehend glücklich machen, zeitweilige Rückschläge unsagbar traurig. Sorgen nehmen sehr leicht den Platz ein, auf dem das Glück eben noch saß. Das Leben lässt sich als ständiger Kampf gegen Probleme interpretieren. Große Probleme, kleine Probleme.

Nie zuvor in der Geschichte des Westens haben sich so viele Menschen der zeitlosen Weisheit des Buddhismus zugewandt, um Antworten auf die großen Fragen des Lebens zu finden und mit den Problemen des täglichen Lebens fertig zu werden. Das ist kein Zufall, leben wir doch in einem Zeitalter des Experimentierens und des wissenschaftlichen Forschens und der Buddhismus hat kein Problem mit der Welt der Wissenschaft. Der Buddhismus wird sogar als »Wissenschaft vom Leben« bezeichnet.

Die Bilderwelt und die Sprache des Buddhismus haben zweifellos zunehmend Eingang gefunden in die zeitgenössische Kultur, in Filme, Popsongs, Zeitschriften und TV-Serien. Da gibt es den Buddha aus dem Roman *Der Buddha*

aus der Vorstadt oder das Dharma aus der TV-Komödie *Dharma und Greg*.
Der Begriff *Karma* gehört mittlerweile zur Umgangssprache des Westens: Munter wird mit ihm alles Mögliche etikettiert, von Bio-Fruchtdrinks bis zu quälenden Beziehungsproblemen. Jeder, den wir dieser Tage nicht leiden oder verstehen können, scheint mit »miesem Karma« behaftet zu sein. Und irgendwie ist auch alles Zen – vom Golfspielen über das Niederzwingen Deiner Gegner im Büro bis hin zum Falten Deiner Wäsche. Obi Wan Kenobi kann man per se nicht unbedingt als Buddhisten bezeichnen, doch seine hervorstechende Fähigkeit im Umgang mit der metaphysischen Macht in den Episoden von *Star Wars*, dieser mystischen Kraft, die das Universum durchdringt und denjenigen erhöht, der sie meistert – diese Macht ähnelt sowohl der buddhistischen Vorstellung von »Lebenskraft« als auch den legendären Fähigkeiten, die den Buddhas in den alten Schriften zugeschrieben wurden.

Die eigentliche Bedeutung all dieser Begriffe ist jedoch – vom Standpunkt der buddhistischen Überlieferung gesehen – irgendwie umwölkt geblieben. Im Westen galt der Buddhismus lange Zeit als elitäre Religion oder als Religion für Hippies – als etwas, über das sich bei einem Latte vorzüglich diskutieren lässt, so wie über radikale Politik oder schwierige Konzeptkunst. Dieses bleibende Bild stammt wohl von der Beat-Epoche, aus Jack Kerouacs Buch *Gammler, Zen und hohe Berge*, aus den Sachbüchern von Alan Watts und den zahllosen literarischen Beschreibungen von Bongos und *Satori*, dem japanischen Begriff für Erleuchtung, wie er vor allem im Zen verwendet wird. Leicht drängt sich der Eindruck auf, der Buddhismus sei hauptsächlich ein System intellektueller Abstraktionen oder gar ein Fluchtweg aus der materiellen Wirklichkeit. Das Standardbild, das viele vom

Buddhismus im Kopf tragen, ist das einer abstrusen, undurchdringlich mystischen Lehre, die man in mönchischer Abgeschiedenheit studiert, wobei das Erreichen von innerem Frieden Ziel und Selbstzweck zugleich ist. Doch es gibt eine berühmte Geschichte über den historischen Buddha, die diese Ansicht widerlegt.

Eines Tages wandelte der Buddha im Rehpark in Benares. Da sah er ein Reh, das auf dem Boden lag. Der Pfeil eines Jägers hatte seine Flanke durchbohrt. Das Reh lag bereits im Sterben, als zwei Brahmanen, heilige Männer also, sich über den Körper des Tieres beugten und über den genauen Zeitpunkt zu diskutieren begannen, an dem das Leben den Körper verlässt. Als sie den Buddha erblickten, baten sie ihn um seine Meinung im Wunsch, diese knifflige Frage zu lösen. Der Buddha ignorierte sie jedoch, ging sofort zum Reh und zog den Pfeil heraus. So rettete er das Leben des Tieres.

Es stimmt, der Buddhismus ist eine schöne Philosophie. Mehr noch aber geht es ihm um das Handeln.

Auch wenn die Bilder und Adaptionen aus der Pop-Kultur den Buddhismus ungenau und verzerrt porträtieren, verweisen sie dennoch auf eine überraschende Wahrheit: Die Sprache und die Weisheit des Buddhismus werden immer öfter auf die Komplexitäten des modernen Lebens angewandt, weil sie tatsächlich zu passen scheinen. Buddhistische Konzepte und Strategien – angewendet auf Themen wie Glücksstreben, Gesundheit, Beziehungen, Berufsleben oder gar auf Prozesse wie Altern und Sterben – gehören zur Wahrheit der modernen Existenz, zur tatsächlichen pulsierenden Realität des Lebens. Buddhistische Ideen werden Teil des Mainstreams, weil sie das ständig wechselnde Treiben der modernen Welt beschreiben können – und dies ohne die Last einer dogmatischen Moral.

Der Buddhismus erklärt die tiefgründigen Wahrheiten des Lebens. Er schenkt uns auch eine ungeheuer praktische Methode zum Überwinden von Hindernissen und zur Veränderung unseres Selbst. Was Du in diesen Seiten erfährst, lässt sich auf jeden Lebensbereich anwenden: Familie, Arbeit, Beziehungen, Gesundheit. Und es ist anwendbar für jede und jeden.

Dieses Buch hat die Kraft, Dein Leben zu verändern. Obwohl es streng genommen kein Selbsthilfe-Buch ist, enthält es die bewährtesten und effektivsten Geheimnisse zur Selbsthilfe, die jemals formuliert wurden: das allumfassende Gedankengebäude namens Buddhismus. Den Titel *Der Buddha – das bist Du* trägt es wegen seiner grundlegenden Erkenntnis: Jeder einzelne Mensch hat die Kapazität, ein *Buddha* zu sein. »Buddha« ist ein altindischer Begriff und heißt so viel wie »Erleuchtete/r«. Jemand also, der erwacht ist zur ewigen und unveränderlichen Wahrheit des Lebens.

Indem wir Zugang finden zu diesem riesigen inneren Potenzial, zu unserer Buddhanatur, finden wir unbegrenzte Ressourcen an Weisheit, Mut und Mitgefühl. Statt unseren Problemen aus dem Weg zu gehen oder Angst vor ihnen zu haben, lernen wir, sie fröhlich anzupacken – völlig überzeugt von unserer Fähigkeit, alles zu überwinden, was das Leben uns in den Weg stellt. Dieses schlummernde Potenzial könnte man mit einem Rosenbusch im Winter vergleichen: Seine Blüten schlummern ebenfalls, doch wir wissen, dass der Busch das Potenzial zum Blühen hat.

Auf der Alltagsebene jedoch gerät dieses höhere Selbst, dieser erleuchtete Zustand, allzu leicht aus unserem Blickfeld. Es ist der sprichwörtliche Wald, den man vor lauter Bäumen nicht sieht. Dieser grundsätzliche Missstand des menschlichen Daseins wird in dem buddhistischen Gleichnis »Das Juwel im Gewandsaum« deutlich, zu finden im Lotos-

Sutra. Es ist die Geschichte eines armen Mannes, der einen wohlhabenden Freund besucht:

> Dessen Haus wäre sehr wohlhabend,
> er richtete ihm viele Leckereien her
> und nähte einen unbezahlbaren Edelstein
> in sein Gewand ein,
> gäbe ihm diesen schweigend und ginge fort.
> Da dieser Mann schlief, wüsste er davon nichts,
> und nachdem er aufgestanden wäre,
> reiste er in ein anderes Land,
> um sich Kleidung und Nahrung für seinen
> Lebensunterhalt zu verschaffen,
> und fristete ein Leben in großer Not.
> Er gäbe sich mit dem Wenigen, was er bekäme,
> zufrieden und erhoffte sich auch gar nichts Besseres.
>
> Er wäre sich dessen nicht bewusst,
> dass sich in seinem Gewand ein unbezahlbarer
> Edelstein befände.
> Der Freund, der ihm den Edelstein gegeben hätte,
> träfe später wieder mit dem armen Mann
> zusammen, und nachdem er ihm schwere
> Vorwürfe gemacht hätte,
> zeigte er ihm den eingenähten Edelstein.
> Wenn der arme Mann den Edelstein sähe,
> wäre sein Herz hocherfreut:
> Er wäre wohlhabend und besäße Reichtümer
> genug, um die fünf Wünsche zu befriedigen.
> Mit uns ist es auch so.[1]

Dieses Gleichnis beschreibt die Blindheit der Menschen für die Kostbarkeit ihres eigenen Lebens und für diesen Grund-Lebenszustand der Buddhaschaft.

Dieses Buch will Dir helfen, dieses wunderbare Juwel in Dir selbst zu entdecken, es zu polieren, damit es so hell erstrahlt, dass nicht nur Dein eigenes Leben, sondern auch das Leben der Menschen um Dich herum erleuchtet wird. Der Buddhismus lehrt nämlich, dass das eigene Erwachen, die Selbstveränderung also, sich auch unmittelbar und weitreichend auf die anderen auswirkt – auf die eigene Familie, auf die Freunde und auf die Gesellschaft. Das ist ein wichtiger Punkt. Wenn wir an die Lektionen des blutigen, leidvollen 20. Jahrhunderts denken, gelangen wir zu der Einsicht, dass alle Reformen und Umstrukturierungen von Institutionen nicht gereicht haben, um das Glück der Menschen zu mehren. Der Buddhismus setzt auf die Transformation des eigenen Inneren als Weg, der zu dauerhaften, nachhaltigen Lösungen globaler Probleme führt.

Was bedeutet es also, ein Buddha zu sein? Der Begriff *Buddha* war zu Lebzeiten von Shakyamuni, dem historischen Buddha, recht gebräuchlich im damaligen Indien. Das ist insofern wichtig, weil man damals Erleuchtung nicht für das exklusive Privileg eines einzigen Individuums hielt. Die buddhistischen Sutras erwähnen die Existenz vieler anderer Buddhas neben Shakyamuni. So besteht der Buddhismus nicht allein aus der Lehre des Buddha, sondern gewissermaßen auch aus der Lehre, die es allen Menschen ermöglicht, ein Buddha zu werden.

Das Leben des Buddha

Im Unterschied zu den westlichen Religionen wie Judentum, Christentum und Islam beansprucht der Buddhismus keine göttliche Offenbarung für sich. Vielmehr ist er die Lehre eines einzigen Menschen, der durch eigene Anstrengung zum Lebensgesetz erwacht ist, das in ihm selbst vorhanden war. Er war ein Mensch, der nichts niederschrieb und von dem wir sehr wenig wissen. Doch das, was wir wissen, wurde zum Katalysator für die Veränderung von vielen Millionen Menschenleben.

Der historische Buddha trug den Vornamen Siddhartha – »Der, der sein Ziel erreicht hat« – und sein Familienname lautete Gautama – »Beste Kuh«. Er wurde in Nordindien vor etwa 2500 bis 3000 Jahren geboren. Über den tatsächlichen Zeitpunkt gehen die Meinungen auseinander, doch die aktuelle Forschung tendiert dazu, Buddhas Geburt in das 5. oder 6. Jahrhundert v. Chr. zu legen. Obwohl nicht genau bestimmbar, bleibt der Zeitpunkt dennoch bedeutsam. Wie der deutsche Philosoph Karl Jaspers bemerkte, wurde Siddhartha ungefähr zur gleichen Zeit geboren wie Sokrates in Griechenland, Konfuzius in China und Jesaja in der jüdischen Welt. Das gleichzeitige Erscheinen dieser großen Männer markierte, so Jaspers, das Anbrechen einer spirituellen Zivilisation.

Siddharthas Vater war der Herrscher des Shakya-Klans, eines kleinen Stammes, der an der Grenze zu Nepal lebte. Daher wurde der Buddha bekannt als Shakyamuni – der »Weise der Shakyas«. Da es kaum schriftliche Aufzeichnungen gibt, bleiben die Details über sein frühes Leben lückenhaft. Wir wissen, dass Siddhartha als Prinz geboren wurde und im Reichtum lebte. Wir wissen auch, dass er mit einer scharfsinnigen Intelligenz und einem zur Innenschau fähigen Wesen ausgestattet war. Als junger Mann heiratete er Yashodhara, die ihm einen Sohn namens Rahula gebar. Schließlich gab er sein wohlhabendes, privilegiertes Leben auf, um den Pfad der Weisheit und Selbsterkenntnis zu beschreiten. Was ihn dazu trieb, sein luxuriöses Heim und die Sicherheit der Familie zu verlassen, ist in der Legende von den vier Begegnungen beschrieben.

So soll der junge Prinz seinen Palast in Kapilavastu viermal verlassen haben. Als er ihn durch das Osttor verließ, sah er einen vom Alter gebeugten und geschrumpften Mann. Als er den Palast durch das Südtor verließ, sah er einen kranken Menschen. Auf seinem dritten Ausflug, diesmal durch das Westtor, sah er einen Toten. Und zuletzt, auf dem Weg hinaus durch das Nordtor, traf er auf einen Asketen. Der Alte, der Kranke und der Tote stehen für die Probleme des Alterns, Krankseins und des Sterbens. Zusammen mit dem Problem der Geburt, wozu auch das Am-Leben-Sein gehört, werden diese vier Umstände auch »die vier Leiden« genannt – die Grundprobleme der menschlichen Existenz.

Shakyamunis Motiv, seinen Prinzenstatus für ein Asketenleben aufzugeben, war nichts Geringeres als herausfinden zu wollen, wie sich diese vier Leiden überwinden ließen.

In der Art der *Arhats*, der heiligen Männer, des alten Indien, die auf der Suche nach der letztendlichen Wahrheit das Land durchwanderten, begann Siddhartha seine Reise. Wir wissen, dass dieser Weg steinig war, voller körperlicher und mentaler Herausforderungen. Er ging zuerst nach Süden und gelangte nach Rajagriha, der Hauptstadt des Königreichs Magadha, wo er unter Anweisung des Lehrers Alara Kalama praktizierte. Dieser, so wurde berichtet, war durch Meditation vorgedrungen zu einem »Ort, wo nichts existiert«. Siddhartha erreichte schnell dieselbe Stufe, aber seine inneren Fragen blieben unbeantwortet. Er wandte sich an einen anderen Weisen, Uddaka Ramaputta, der vorgedrungen war zu einem »Ort, wo es weder Denken gibt noch Nicht-Denken«. Diese Meditation meisterte Siddhartha ebenfalls, doch die Antworten auf seine tiefsten Fragen hatte er noch immer nicht gefunden.

Daisaku Ikeda, einer der herausragenden modernen Interpreten des Buddhismus, schrieb dazu in seinem Buch *Der Buddha lebt*: »Für Yoga-Meister wie Alara Kalama und Uddaka Ramaputta hatte die Yoga-Praxis offensichtlich aufgehört, ein Weg zu einem höheren Ziel – jenem der Erleuchtung – zu sein, und war zu einem Ziel für sich geworden. (...) Yoga- und Zen-Meditation sind hervorragende, von asiatischen Philosophien und Religionen entwickelte Praktiken – aber, das hat Shakyamuni klargemacht, sie sollten als Methoden zum Verständnis und zum Erreichen der letzten Wahrheit und nicht als Selbstzweck angesehen werden.«[2]

Siddhartha unterzog sich dann einer Reihe von asketischen Ausübungen, unter anderem dem zeitweisen Aussetzen der Atmung, Fasten und der Kontrolle des Geistes. Nach mehreren Jahren, in denen er seinen Körper bis an die Grenze zum Tod quälte, gab er schließlich die strengen asketischen Praktiken auf, die ihn völlig entkräftet zurückließen, und begab sich in der Nähe von Gaya unter einen Pipalbaum, eine Feigenart, der später Bodhi-Baum heißen sollte. Dort meditierte er. Schließlich erlangte er im Alter von etwa dreißig Jahren die Erleuchtung und wurde ein Buddha.

Die Erleuchtung des Buddha

Es ist unmöglich zu wissen, was der Buddha unter diesem Baum erkannt hatte. Seinen vielen Lehrreden zufolge, die wie Homers *Odyssee* zuerst mündlich von seinen Anhängern weitergegeben wurden, wissen wir Folgendes: Unter dem Pipalbaum sitzend versuchte er, über das normale Bewusstsein hinaus einen Ort zu erreichen, an dem er sich als eins mit dem Leben des Universums wahrnahm.

So ist aufgezeichnet, dass er in den frühen Stadien seiner Meditation immer noch an die Unterscheidung zwischen Subjekt (er selbst) und Objekt (Außenwelt) gebunden war. Er war sich sozusagen seines eigenen Bewusstseins bewusst, wie es von einer Mauer umgeben war – die Grenze war die seines Körpers und die Umgebung außerhalb von ihm selbst. Schließlich aber geschah es – so Daisaku Ikeda in *Der Buddha lebt*:

> Der Doktrin der Seelenwanderung zufolge, die schon seit den frühesten Zeiten des Brahmanismus gelehrt wurde, ist das menschliche Dasein in keiner Weise auf die Gegenwart beschränkt. Unter dem Bodhi-Baum meditierend gewann Shakyamuni alle seine vormaligen Existenzen Stück für Stück wieder und erkannte, dass seine gegenwärtige Existenz das Glied einer ungebrochenen Kette von Geburt, Tod und Wiedergeburt war, die vor unzählbaren Äonen in der Vergangenheit begann.
>
> Das erkannte er nicht in einer Art von Eingebung, und auch nicht in Form eines Konzeptes oder einer Idee. Es war klare und wahrhaftige Wiedergewinnung – nicht unähnlich, wenn auch auf völlig anderer Ebene,

> den Ereignissen, die tief im Innersten unseres Bewusstseins vergraben sind und an die wir uns plötzlich erinnern, wenn wir extrem angespannt oder konzentriert sind.[3]

»Unbeständigkeit«, so verstand er, sei die wahre Sichtweise auf die Wirklichkeit. Was aber bedeutet das?

Alles Vorhandene, alle Phänomene durchlaufen einen ständigen Wandel. Das Leben, die Natur und die Gesellschaft hören niemals auf, sich zu verändern, keinen Augenblick lang. Es mag so scheinen, dass der Schreibtisch, an dem Du sitzt, oder das Buch, das Du in den Händen hältst, oder das Gebäude, in dem Du lebst, recht solide konstruiert sind. Aber eines Tages werden sie zerfallen. Der Buddhismus erklärt einleuchtend: Leiden entsteht in unserem Herzen, weil wir das Prinzip der Unbeständigkeit vergessen und glauben, dass alles, was wir unser Eigen nennen, für immer Bestand hat.

Angenommen, Du hast eine gut aussehende Freundin oder einen gut aussehenden Freund. Denkst Du dabei lange darüber nach, wie sie bzw. er wohl in dreißig, vierzig Jahren aussehen wird? Natürlich nicht. Es liegt in der Natur des Menschen zu glauben, Gesundheit und Jugend würden ewig andauern.

Genauso wenig gibt es reiche Leute, die sich vorstellen können, eines Tages ohne Geld dazustehen. Es ist nicht falsch, so zu denken. Doch wir leiden, weil wir solchen Vorstellungen anhängen. Du magst Deinen Schatz für immer jung und schön haben wollen und alles daran setzen, dass die Liebe ewig währt. Doch wenn es an der Zeit ist, vom geliebten Menschen Abschied zu nehmen, wirst Du tiefsten Schmerz empfinden. Weil Menschen Reichtum anhäufen wollen, gehen einige sogar so weit, andere zu bekämpfen. Und wenn sie ihren Reichtum verlieren, müssen sie von der bitteren Frucht des

Leidens kosten. Sogar das Klammern ans nackte Leben bringt Leid mit sich, weil wir Angst vor dem Tod haben. Der Buddhismus lehrt uns, diese Zyklen der Unbeständigkeit zu erkennen und den Mut aufzubringen, diese zu akzeptieren.

Neben dieser Einsicht in die Unbeständigkeit gibt es noch etwas, das sich laut Überlieferung in Shakyamunis erleuchtetem Geist entfaltet hat: das Miteinander-Verbunden-sein von allen Dingen. Das Universum und alles in ihm ist im ständigen Fluss – entstehend und endend, erscheinend und verschwindend, in einem niemals endenden Zyklus der Veränderung begriffen, der dem Gesetz der Kausalität unterliegt. Alles Vorhandene folgt diesem Gesetz von Ursache und Wirkung und folglich kann nichts unabhängig von anderem Vorhandenen existieren.

Dieses buddhistische Konzept der Kausalität wird auch »abhängiges Entstehen« genannt. Shakyamuni erwachte zu diesem ewigen Gesetz des Lebens, das das gesamte Universum durchdringt, zu diesem mystischen Aspekt des Lebens, in dem alles im Universum miteinander verbunden ist und Einfluss aufeinander hat in einem nicht endenden Zyklus von Geburt und Tod.

Das Wesentliche von Shakyamunis Erleuchtung wird in den Vier Edlen Wahrheiten erklärt, die lauten: 1) Alles Dasein ist Leiden; 2) Leiden wird verursacht durch selbstsüchtiges Begehren; 3) das Auslöschen von selbstsüchtigem Begehren führt zum Ende des Leidens und zum Erreichen des Nirwana; und 4) es gibt einen Weg, der zu dieser Auslöschung führt, nämlich die Disziplin des achtfachen Pfades. In diesen frühesten Aussagen können wir bereits erkennen, dass der Prozess, der zum absoluten Glück führt und uns von den Leiden des Lebens befreit, als Weg oder Reise angelegt ist.

Unwissenheit vertreiben und zu einer richtigen Sichtweise gelangen – das ist das Kernstück der buddhistischen

Ausübung. Es ist auch die Triebkraft hinter einer dreitausend Jahre andauernden Suche – beginnend mit Shakyamuni – nach einem Fahrzeug, nach einer klar erkennbaren Methode, die den buddhistischen Ausübenden diesen Weg zum Ende von Leid und zum Erreichen des absoluten Glücks beschreiten lässt. All die vielen buddhistischen Schulen und Ausübungen sind in dem Bemühen entstanden, ein solches Fahrzeug zu erschaffen.

Nach seinem Erwachen blieb Shakyamuni eine Zeit lang unter dem Bodhi-Baum sitzen, in einem Zustand voller Freude. Als er danach wieder in die Welt trat, plagte ihn jedoch bald der Gedanke, wie schwierig es sein würde, sein Erwachen zum Gesetz des Lebens den Mitmenschen zu vermitteln. Er war zu einem Verständnis vorgedrungen, das weit über dem lag, was selbst die fortgeschrittensten spirituellen Sucher seiner Zeit erlangt hatten.

Daher bereitete er seine Zuhörer zunächst einmal darauf vor, indem er sie in leicht verständlichen Gleichnissen und Sinnbildern unterwies. So erweckte Shakyamuni Schritt für Schritt diejenigen, die er lehrte. Gleichzeitig aber behielt er sein letztendliches Ziel im Sinn: allen Menschen zu zeigen, dass sie die Buddhaschaft besitzen.

So lautet beispielsweise eine markante Stelle aus dem Lotos-Sutra:

> Ständig richte ich meinen Sinn darauf,
> wie ich die Lebewesen
> dazu bringen kann,
> in die unübertroffene Weisheit einzutreten,
> damit sie schnell den Körper eines Buddha
> verwirklichen können.[4]

Keine leichte Aufgabe. Shakyamuni verbrachte die nächsten vierzig Jahre damit, seine leidenden Mitmenschen so zu lehren, wie es für deren Verständnisfähigkeit am passendsten war. So gesehen wird klar: Die Vorstellung, der Buddhismus sei eine spezielle Domäne heiliger Männer, die auf Berggipfeln meditieren, ist schlicht falsch.

Shakyamuni hatte seine Lehren niemals nur für eine isolierte Personengruppe hinter Klostermauern angelegt. Alles an den historischen Belegen deutet darauf hin, dass er einen breiten Zugang zu seinen Lehren schaffen wollte, sodass sie von gewöhnlichen Männern – und Frauen – angewendet werden konnten. Seine einzelnen Lehrreden wurden zusammengetragen; daraus entstanden schließlich die sogenannten vierundachtzigtausend Lehren, die, wie die Lehren von Jesus, über Jahrhunderte hinweg interpretiert und reinterpretiert wurden. Das eigentliche Problem für Buddhisten bestand viele Jahrtausende lang nicht so sehr in dem, was der Buddha gesagt hatte, sondern in der Frage, wie man seine Lehren in die Praxis umsetzte. Wie man eigentlich die Erleuchtung des Buddha erlebt. Wie man teilhat an dessen transzendenter Weisheit. Wie man selbst ein Buddha wird.

Die Straße zur Erleuchtung

Heute gibt es zahlreiche Schulen des Buddhismus, vielleicht sogar Tausende. Der britische Gelehrte Christmas Humphreys schrieb einmal: »[Den Buddhismus] zu beschreiben ist so schwierig, wie London zu beschreiben. Ist es Mayfair, Bloomsbury oder die Old Kent Road? Oder ist es der kleinste gemeinsame Nenner all dieser Teile? Oder alles zusammen und noch etwas mehr?«

Als die buddhistische Philosophie ihre sanften Verbreitungswege nahm, hinaus aus Indien, nordwärts durch China und Tibet, südwärts nach Thailand und Südostasien, da saugte sie die dortigen religiösen Sitten und Glaubensvorstellungen auf und wurde ihrerseits wieder von ihnen beeinflusst.

Der Buddhismus, der sich Richtung Tibet, China und schließlich nach Korea und Japan verbreitete, wurde Mahayana genannt, was »großes Fahrzeug« bedeutet. Und jener Buddhismus auf der Südroute Richtung Südostasien und Sri Lanka wurde Hinayana genannt, das »geringere Fahrzeug«, ein abwertender Begriff, den die Mahayana-Anhänger im Munde führten.

Die Hinayana-Schulen gründeten sich auf die frühen Lehren von Shakyamuni und sie vertraten daher typischerweise einen strengen, äußerst fein geregelten Verhaltenskodex, der auf das Erlangen der eigenen persönlichen Erlösung angelegt war. Die einzige heutige Hinayana-Schule ist Theravada, die »Lehre der Älteren«.

Die Mahayana-Schulen betonten, der Buddhismus müsse ein Weg des Mitgefühls sein, der ganz gewöhnliche Menschen die Erleuchtung erlangen ließe – die Suche nach einer leicht anwendbaren Methode, die als Fahrzeug eine größere Anzahl von Menschen zur Buddhaschaft befördern könne (daher großes Fahrzeug).

Die überbordende Anzahl der verschiedenen Sutras und Theorien stiftete allerhand Verwirrung, besonders im China der ersten beiden Jahrhunderte unserer Zeitrechnung. Damals waren die chinesischen Gelehrten mit einer willkürlichen Abfolge unterschiedlicher Sutras konfrontiert, die den Weg in ihr Land fanden – Schriften von den Schulen des Hinayana wie auch denen des Mahayana. Verwirrt ob der Vielfalt dieser Lehren, starteten die chinesischen Buddhisten den Versuch, die verschiedenen Sutras zu bewerten und zu klassifizieren.

Bis zum fünften Jahrhundert war die Systematisierung des buddhistischen Kanons weit fortgeschritten. Insbesondere ein buddhistischer Mönch namens Zhiyi, später bekannt als der Große Lehrer Tiantai, entwickelte den klassifizierenden Standard der »fünf Perioden und acht Lehren«. Auf der Grundlage seiner eigenen Erleuchtung, die der von Shakyamuni durchaus gleichgekommen sein mochte, lieferte Tiantais System eine Einteilung der Sutras – sowohl in ihrer Chronologie als auch in ihrer inhaltlichen Tiefe.

Er bestimmte, dass das Lotos-Sutra die letztendliche Wahrheit enthalte, jene vorletzte Lehre von Shakyamuni, die er gegen Ende seines Lebens dargelegt hatte. Tiantai bezeichnete diese Wahrheit als das Prinzip der »dreitausend Bereiche in einem einzigen Lebensmoment«. Mit seinem phänomenologischen Ansatz beschreibt es all die kaleidoskopartigen Emotionen und mentalen Zustände, die Menschen in einem bestimmten Moment durchleben können. Die Theorie der dreitausend Bereiche in einem einzigen Lebensmoment besagt, dass all die unzähligen Phänomene des Universums in einem einzigen Lebensmoment eines gewöhnlichen Sterblichen enthalten sind. Folglich ist der gesamte Makrokosmos im Mikrokosmos enthalten.

Die unendlich weite Dimension des Lebens, zu der Shakyamuni unter dem Bodhi-Baum erwachte, war für das normale menschliche Bewusstsein jenseits des Erfassbaren. Tiantai beschrieb diese letztendliche Wahrheit als dreitausend Bereiche in einem einzigen Lebensmoment und erkannte, dass das Lotos-Sutra als einziges Sutra klarstellte: Alle Menschen – Männer wie Frauen, Gute wie Schlechte, Junge wie Alte – tragen in sich das Potenzial, die Buddhaschaft in ihrem jetzigen Leben zu verwirklichen.

Eine entscheidende Frage blieb jedoch bestehen: Wie konnten gewöhnliche Menschen diese Erkenntnis auf ihr eigenes Leben anwenden? Zu diesem Zweck schuf Tiantai eine rigorose Ausübung. Sie bestand aus der Betrachtung des eigenen Geistes durch Meditation, tauchte tiefer und tiefer in die Innenwelt, bis die letztendliche Wahrheit der dreitausend Lebensbereiche in einem einzigen Lebensmoment erfasst werden konnte. Leider war diese Art von Ausübung nur für Mönche machbar, die grenzenlose Zeiträume in Kontemplation über die Botschaft verbringen konnten, die im Lotos-Sutra enthalten war. Kaum zu schaffen für Menschen, die für ihren Lebensunterhalt arbeiten oder sich mit anderen Themen auseinander setzen mussten.

Das volle Erblühen des Buddhismus musste noch warten, bis er entlang der Handelswege Japan erreichte. Der Buddhismus wäre heute nicht so weit verbreitet und geschätzt ohne den unglaublichen Mut und Tiefblick eines japanischen Mönchs aus den dreizehnten Jahrhundert namens Nichiren. Er rückte das Lotos-Sutra in einen so klaren Fokus, dass es für die Menschen und ihren Alltag direkt etwas bewirkte.

Buddhismus für moderne Zeiten

Nichiren, geboren 1222 in Japan, schuf eine konkrete und anwendbare Form für die buddhistische Philosophie, die Shakyamuni einst lehrte und Tiantai neu beleuchtete. Er fand das Herzstück des Lotos-Sutra, das die Erleuchtung des Buddha herbeiführte, und drückte es in einer Form aus, die alle Menschen anwenden konnten. Er bezeichnete es als die Anrufung von Nam-Myoho-Renge-Kyo, wie der Titel des Lotos-Sutra lautet.

Seine Leistung war vergleichbar mit dem Umsetzen einer komplexen wissenschaftlichen Theorie in etwas einfach Anwendbares. Genauso wie Benjamin Franklins Entdeckung der Elektrizität erst nutzbringend anwendbar wurde, als viele Jahre später Thomas Edison die Glühbirne erfand, war auch Shakyamunis Erleuchtung für die allermeisten Menschen unzugänglich, bis Nichiren die grundsätzliche Ausübung lehrte, durch die alle Menschen das Gesetz des Lebens in sich selbst hervorbringen konnten. Seine Umsetzung dieses Prinzips hatte die Kraft, alle Menschen, die damit in Berührung kamen, direkt zu bewegen. Damit brach in der Geschichte des Buddhismus eine neue Epoche an.

Er offenbarte damit die letztendliche Lehre des Mahayana – des großen Fahrzeugs – mit dem alle Menschen den Weg zur Buddhaschaft zurücklegen konnten. Nichiren sagte dazu: »Wenn sich eine Schmeißfliege an den Schweif eines Vollblutpferdes hängt, kann sie zehntausend Meilen weit reisen, und der grüne Efeu kann tausend Fuß hoch wachsen, wenn er sich um eine große Kiefer windet.«[5]

Zum ersten Mal konnten gewöhnliche Menschen diese Reise, die vorher nur Heiligen und Weisen vorbehalten war, unternehmen.

Nichirens Buddhismus erwies sich für Millionen von Menschen als zutiefst wertvoll. Es war Nichiren, der das Wesentliche des Lotos-Sutra so ausdrückte, dass alle Menschen – unabhängig von ihrem aktuellen Wissensstand die Schwelle zur Erleuchtung überschreiten konnten. Dies war eine revolutionäre Entwicklung in der Religionsgeschichte.

Der Buddhismus begann als Lehre eines einzelnen Menschen, der zum Gesetz des Lebens in seinem eigenen Inneren erwachte. Mittlerweile enthält er auch die Interpretationen dieser Lehre von den nachfolgenden Gelehrten und Propheten. Wie bereits erwähnt bedeutete das Wort *Buddha* ursprünglich »Erleuchteter«. Gemeint war damit jemand, der zur ewigen Wahrheit, zum Gesetz des Lebens – zum Dharma – erwacht war. Diese Wahrheit ist ewig und grenzenlos. Sie ist immer und überall gegenwärtig. So gesehen ist das Gesetz des Lebens nicht das Exklusiveigentum von Buddha Shakyamuni oder buddhistischen Mönchen.

Die Wahrheit steht jedem und jeder gleichermaßen offen. In dem Buddhismus, der auf diesen Seiten beschrieben wird, gibt es keine Priester oder Gurus, keine letzte Autorität, die entscheidet, was korrekt oder inkorrekt ist, richtig oder falsch. In diesem Buddhismus wurde die Mauer zwischen Priesterschaft und Laientum niedergerissen, was zu einer vollständigen Demokratisierung der spirituellen Ausübung führte. Weil er seinem Wesen nach undogmatisch ist, passt er auch für die Skeptiker unter uns. Dieses höchste und allumfassende Gesetz, das der Buddha wahrnahm, könnte auch ein anderer Name für das Konzept sein, das einige von Gott haben. Andererseits kann ein Mensch, der nicht an einen menschenähnlichen Gott glauben kann, darin die Energie sehen, die im Universum wirkt. Der breite Zugang des

Buddhismus integriert beide Ansichten und konzentriert sich dabei auf den einzelnen Menschen.

Hier gibt es nichts Äußeres, auf das man die Schuld schieben, und niemanden, den man um Erlösung anflehen könnte. Im Buddhismus gibt es weder einen Gott noch ein sonstiges übernatürliches Wesen, das unser Schicksal bestimmt.

In der westlichen Religion kannst Du durch Deinen Glauben Gott näherkommen, aber Du kannst niemals Gott werden. Im Buddhismus kann man niemals getrennt sein von der Weisheit Gottes, weil die letztendliche Weisheit bereits im Herzen eines jeden Menschen existiert. Durch die buddhistische Ausübung wollen wir diese universale Lebenskraft hervorrufen, die ursprünglich und ewig in uns vorhanden ist, also das, was wir Buddhaschaft nennen. Und wir wollen sie manifest und wirksam machen, indem wir ein Buddha werden.

Buddhisten werden sich der Existenz dieses ewigen Gesetzes bewusst, das sowohl das Universum als auch das eigene Selbst durchdringt; sie erfassen dieses Gesetz in ihrem tiefsten Innern. Das Ziel dabei ist, jeden Tag in Übereinstimmung mit diesem Gesetz zu leben. Indem sie dies tun, entdecken sie eine Lebensweise, die alles, was geschieht, wieder auf Hoffnung, Wert und Harmonie ausrichtet. Die Entdeckung dieses objektiven Gesetzes an sich, so wie es sich im einzelnen Menschen manifestiert, bringt alle spirituellen Werte hervor und nicht eine äußere Kraft, ein äußeres Wesen. So erklärt es Nichiren in seinem berühmten Brief »Über die Verwirklichung der Buddhaschaft in diesem Leben«:

> Ihre Ausübung der buddhistischen Lehren wird Sie nicht im Geringsten von den Leiden aus Geburt und Tod befreien, solange Sie nicht die wahre Natur Ihres

> Lebens erkennen. Wenn Sie die Erleuchtung außerhalb Ihrer selbst suchen, dann werden selbst zehntausend Ihrer Ausübungen und zehntausend gute Taten vergeblich sein. Es verhält sich damit wie bei einem armen Mann, der Tag und Nacht damit verbringt, den Reichtum seines Nachbarn zu zählen, doch dabei selbst auch nicht ein halbes Geldstück hinzugewinnt.[6]

Der Gedanke, dass die Kraft für das eigene Glück gänzlich in den eigenen Händen liegt, kann verstörend sein. Er bringt ein radikales Verantwortungsgefühl mit sich. Daisaku Ikeda schrieb dazu: »Die Gesellschaft ist komplex und harsch, und Du musst zuweilen schwer kämpfen, um in ihr zu überleben. Niemand kann dich glücklich machen. Alles hängt davon ab, ob Du für Dich selbst Glück verwirklichen kannst oder nicht … Ein Mensch wird einem leidvollen Leben ausgesetzt sein, wenn er in Bezug auf seine äußere Umgebung schwach und verwundbar ist.«

Doch weit davon entfernt, ein düsteres, nihilistisches Lebensbild zu zeichnen, bieten die buddhistische Philosophie und Ausübung jede Menge Hoffnung und praktische Lösungen für die Probleme des täglichen Lebens. Die Philosophie, die wir in diesem Buch beschreiben, ist so praxisnah, dass wir sie meistens gar nicht als »Religion« bezeichnen, auch wenn es eine ist. Wir reden meistens von »Praxis« oder »Ausübung«, weil diejenigen, die sie anwenden, sie äußerst nützlich finden. Daher berührt dieses Buch zwar viele Fragen zur Theorie und Philosophie des modernen Buddhismus, doch der Schwerpunkt wird darauf liegen, wie Du, als einzelner Mensch, den Buddhismus als machtvolles Werkzeug nutzen kannst, um Deine Probleme zu lösen.

»Keine weltliche Angelegenheit steht jemals im Widerspruch zur wahren Wirklichkeit«, zitierte Nichiren aus dem Lotos-Sutra. Und weiter: »Alle Phänomene im Universum sind Manifestationen des buddhistischen Gesetzes.« Mit anderen Worten: Unser Alltag ist die Bühne, auf ihr wird der Kampf um Erleuchtung gewonnen oder verloren. Nichiren lehrte, dass Normalsterbliche die Buddhaschaft genau hier auf dieser Welt verwirklichen können, und zwar ohne ihre Begierden auszulöschen oder ihre Identität zu verändern. In einem Zeitalter, in dem Skeptizismus und weitverbreitetes Misstrauen gegenüber traditionellen Glaubenssystemen und Institutionen vor-herrschen, gewinnt eine solche dynamische, in Eigenregie betriebene religiöse Ausübung umso mehr an Wert.

Der Buddhismus ist seinem Wesen nach unautoritär, demokratisch, wissenschaftlich und auf Einsichten basierend, die durch individuelle Anstrengungen zur Selbstvervollkommnung gewonnen wurden. Doch der Buddhismus hat auch unmittelbare und weitreichende Auswirkungen auf die Gesellschaft, unser Umfeld. Er ist eine Lebensweise, die zwischen dem einzelnen Menschen und der Umgebung, in der er lebt, keine Trennung macht. Mit seinem Verständnis vom Miteinander-Verwobensein aller Lebensformen in einem komplexen Netz, das über den Menschenverstand hinausreicht, liefert der Buddhismus einen spirituellen und intellektuellen Rahmen für ein neues Umweltbewusstsein.

Die westliche Weltsicht, so wie sie vom Christen- und Judentum ausgeht, tendiert zum Anthropozentrismus, stellt also die Menschheit an die Spitze der natürlichen Ordnung. Der Buddhismus hingegen sieht die Menschheit als Teil der Natur, er stützt und formt somit die Ideen der Bio-Ethik. Da jedes Individuum mit allem auf der Erde verbunden ist, liegt das Schicksal unseres Planeten in den Händen des Individuums, in dem, was es tut.

Der moderne Buddhismus ist zudem nicht moralistisch. In einer Welt, die gekennzeichnet ist durch eine solch große Vielfalt von Völkern, Kulturen und Lebensweisen, schreibt der Buddhismus keine einzig richtige Lebensart vor. Es gibt keine »Gebote«. Der Buddhismus nimmt Dich so, wie Du bist, mit all Deinen Macken und Fehltritten, den momentanen wie den vergangenen. Das ist natürlich kein Freibrief fürs Lügen, Stehlen und Morden. Der Buddhismus gewinnt seine moralische Stärke nicht aus einer Liste von Verhaltensregeln, sondern aus einer unwiderstehlichen inneren Transformation.

Ausübende des Buddhismus stellen fest, dass sie freundlicher, mitfühlender und mit hoher Rücksicht auf deren Kostbarkeit mit dem Leben anderer Menschen umgehen. Dieser Prozess vollzieht sich fast automatisch.

Der Buddhismus und der Kosmos

Nichts von dem, was der historische Buddha lehrte, widerspricht ernstlich den Entdeckungen von Galileo, Einstein, Darwin oder Freud, entstanden seine Ideen dennoch Jahrtausende vorher, ohne die Hilfe von Teleskopen, Hochtechnologie, sogar ohne das geschriebene Wort.

Das buddhistische Modell des Universums ähnelt stark der heute akzeptierten Kosmologie. Der Buddha sprach zwar nie im Sinne eines großen Urknalls, nichtsdestotrotz beschrieb er einen Kosmos, der theoretisch mit dem übereinstimmt, was viele Wissenschaftler heute annehmen. Auf recht grundlegende Weise akzeptiert die buddhistische

Theorie die riesigen Dimensionen und Konzepte von Raum und Zeit, wie sie die moderne Physik entwickelt, und ist selbst deckungsgleich mit den verwirrenderen Bereichen der Quantentheorie.

Wissenschaftliche Artikel über die neuesten Durchbrüche in der Teilchenphysik weisen zum Beispiel bemerkenswerte Ähnlichkeiten mit der Lehre der Unbeständigkeit auf, die der Buddha darlegte. Im Lotos-Sutra, dem zentralen Text des Mahayana-Buddhismus, zeigt sich eine Sicht aufs Universum von prometheischen Ausmaßen. Dort ist von »Großweltsystemen« die Rede, ein weitgefasstes Konzept, das sowohl die Existenz von unzähligen Galaxien bejaht wie auch die Möglichkeit von fühlendem Leben auf anderen Planeten. Gleichzeitig liefert er eine detaillierte Analyse des Lebens, die die Tiefen der menschlichen Psyche auslotet. So setzt der Mahayana-Buddhismus grundsätzlich voraus, dass es im Universum zahlreiche belebte Welten gibt. Gleichzeitig versteht er sich als Triebkraft für jeden einzelnen Menschen, seine eigene spirituelle Reformation herbeizuführen, womit er einen dauerhaften Frieden und ein langfristiges Gedeihen von Zivilisationen sichert.

In seiner zweieinhalbtausendjährigen Geschichte zeichnete sich die Verbreitung des Buddhismus durch Toleranz, Freundlichkeit und Liebe zur Natur aus. »Der Buddhismus«, so der französische Orientalist Sylvain Lévi, »kann die Ehre für sich beanspruchen, einen Teil dieser Welt erobert zu haben, ohne jemals Gewalt, ohne jemals Waffen eingesetzt zu haben.« Tatsächlich ist das Ziel von Buddhisten – und auch dieses Buches – der Weltfrieden. Im Buddhismus sprechen wir von »Weltfrieden durch persönliche Erleuchtung«. Eine friedliche und sichere Gesellschaft ergibt sich aus einem Prozess des persönlichen Dialogs – von Mensch zu Mensch zu Mensch –, bis der Krieg und alle unterschwelligen

Ursachen dafür von dieser Welt verschwinden. Aus all diesen Gründen wird der Buddhismus in der aufkeimenden wissenschaftlichen Kultur des 21. Jahrhunderts eine dynamische Rolle spielen.

Mit dieser funkelnden Idee im Hintergrund wenden wir uns nun der individuellen Ausübung zu, einschließlich des verborgenen Gesetzes, das Nichiren in den Tiefen des Lotos-Sutra zutage förderte. Schließlich gilt: Bevor wir das Schicksal der Welt verändern, müssen wir uns erst einmal selbst verändern.

ooo

2 Die Praxis

Philosoph zu sein bedeutet nicht nur,
subtile Gedanken zu pflegen oder gar,
eine Schule zu begründen. (...)
Es geht darum,
einige Probleme des Lebens zu lösen,
nicht theoretisch,
sondern praktisch.
– Henry David Thoreau

Aus diesem Schlamassel führt kein Weg,
außer sich zu erleuchten –
und es dann zu genießen.
– Robert Thurman

Ein Schwan gleitet ganz ruhig auf dem Wasser. Scheinbar. Unter Wasser, unserem Blick verborgen, strampelt er sich unermüdlich ab. Beim Buddhisten ist es ähnlich: Er praktiziert täglich intensiv und kraftvoll. Diese Praxis verlangt zwar eine gewisse Anstrengung, aber sie ebnet den Weg dafür, dass die Dinge im Leben den richtigen Kurs nehmen. Die eigene Fähigkeit wächst, sich den Mühen des Daseins gelassen und selbstsicher zu stellen. Die Erleuchtung, das Bewusstsein von der universalen Wahrheit hinter allen Phänomenen, bringt die edelsten und lohnendsten Aspekte eines Menschenlebens hervor.

Wie also geht die richtige tägliche Praxis des Buddhismus, die uns Kurs auf die Erleuchtung nehmen lässt?

Inmitten der Sinfonie des Wandels im Außen ändert sich das Leben von Augenblick zu Augenblick. Selbst der Stuhl, auf dem Du gerade sitzt, verändert sich auf molekularer Ebene – auch wenn Du diese Veränderungen nicht wahrnehmen kannst. Diese ständige Veränderung oder Fluktuation, der Buddhismus nennt es »Unbeständigkeit«, lässt die Grundleiden des menschlichen Daseins entstehen. Doch manchmal, mitten im Kommen und Gehen des Lebens – vielleicht nur für den Hauch eines Augenblicks – spüren wir einen allem zugrunde liegenden Rhythmus, ein Summen oder einen Puls.

Solche Momente der Einsicht oder Erkenntnis stellen sich oft dann ein, wenn wir etwas außerordentlich Schönes oder Stilles erleben wie einen perfekten Sonnenuntergang in der Karibik. Oder aber wir erleben solche Momente in höchster Anspannung – wenn wir eine nackte Felswand hochklettern, ein kompliziertes Konzert spielen oder einen perfekten

Pass hinter der Verteidigerlinie annehmen. Wenn sich ein solcher Moment ereignet, ist es so, als befände man sich in einer besonderen Sphäre, in der die ungewisse Welt da draußen und die turbulente Welt da drinnen zusammenfließen. Die Zeit scheint aufgehoben und wir fühlen plötzlich: Es gibt nichts, was uns nicht gelingen könnte.

Doch wie können wir diese Gipfelerlebnisse immer wieder entstehen lassen, wenn wir sie brauchen? Wie zapfen wir diese Quelle aus Energie und Weisheit an, die uns Momente beschert, in denen unser eigenes Leben und das des Universums zur gleichen wunderbaren Melodie zu tanzen scheinen?

Der buddhistische Lehrer Nichiren, der im 13. Jahrhundert lebte und schrieb, definierte diesen Grundrhythmus, diesen Puls des Lebens, als Nam-Myoho-Renge-Kyo. Damit wird es möglich, dieses grenzenlose Potenzial, diesen höheren Lebenszustand anzuzapfen, wann immer wir es wollen. Wir nennen diesen höheren Lebenszustand Buddhaschaft. In Nichirens Schriften ist die Erleuchtung kein endliches Unterfangen, kein letztlich kaum erreichbares Ziel, das man Leben für Leben in endloser Sisyphusarbeit verfolgen muss. Es ist vielmehr eine latent schlummernde Qualität, jederzeit und in jedem Leben vorhanden, die nur darauf wartet, erweckt zu werden.

Diese buddhistische Lehre besagt: Jede und jeder von uns hat das Potenzial für Glück. In uns steckt die Fähigkeit, mutig zu leben, erfüllende Beziehungen zu pflegen, Gesundheit zu genießen, anderen Mitgefühl zuteil werden zu lassen und unseren größten Problemen erfolgreich die Stirn zu bieten. Um ein solch glückliches Leben zu leben, muss jeder Einzelne eine innere Veränderung durchlaufen. Dieser Prozess bringt eine Veränderung unseres ureigenen Charakters mit sich, eine individuelle Selbstrevolution, die wir »menschliche Revolution« nennen.

Versetze dich einmal beispielhaft in folgende Situation: Vielleicht fühlst Du Dich in Deinem Beruf nicht wertgeschätzt. Dein Chef mag streitlustig sein oder Dich einfach ignorieren. Innerhalb kurzer Zeit entwickelst Du eine reizbare Stimmung. Du magst zwar Weltmeister im Verstecken von negativen Gefühlen sein, doch hin und wieder zeigen sie eben doch ihre hässliche Fratze. Im Gegenzug merken Deine Kollegen oder Dein Chef, dass Du nicht wirklich voll und ganz bei der Sache bist, oder sie spüren Deine negative Einstellung. Natürlich hast Du tausend Gründe für Deine Haltung, alle natürlich hieb- und stichfest. Doch egal wie gut die Gründe sind: Aufgrund dieser schlechten Beziehung verpasst Du Chancen für Deine Weiterentwicklung. Das ist ein alltägliches Beispiel für heutige Arbeitsplatzsituationen.

Doch nehmen wir einmal an, Du kommst mit einer neuen Einstellung zur Arbeit. Gemeint ist nicht eine rein mentale Anpassung, sondern vielmehr eine neue Einstellung, die einem tiefen, starken Gefühl voller Lebenskraft, Zuversicht und Mitgefühl entspringt. Dein Mitgefühl bringt Dich soweit, dass Du Verständnis für die Situation Deines Chefs entwickelst, wodurch Du Dich ihm gegenüber anders verhältst: Du unterstützt ihn jetzt und bist immer weniger entmutigt von jedweder Negativität, die er absondern mag. Dein Chef beginnt, Dich in einem neuen Licht zu sehen. Neue Chancen werden nicht lange auf sich warten lassen.

Klar, das ist ein ziemlich schlichtes Beispiel und die Herausforderung scheinbar leicht zu stemmen. Doch jeden Tag auf diese Weise zu leben – das geht nur mit einer grundsätzlichen Veränderung des Herzens. Wenn diese Veränderung jedoch vollbracht ist, dann kann dies – einem nicht enden wollenden Domino-Effekt gleich – ständig positive Impulse bei unseren Mitmenschen auslösen. Der Katalysator für eine solche innere Revolution ist die

Ausübung des Buddhismus, so wie Nichiren ihn lehrte. Er besagt, das man all dies und noch viel mehr erreichen kann, indem man Nam-Myoho-Renge-Kyo rezitiert oder »chantet«*, wie viele Buddhisten auch sagen.

Diese grundlegende buddhistische Ausübung, wie Nichiren sie definiert hat, besteht aus dem Chanten von Nam-Myoho-Renge-Kyo zum Gohonzon – einer Schriftrolle mit chinesischen und altindischen Schriftzeichen. Es ist nicht unbedingt notwendig, einen Gohonzon zu haben, wenn man mit dieser Ausübung beginnen will, doch Millionen Menschen haben einen. Mehr darüber später.

Natürlich chantet man Nam-Myoho-Renge-Kyo, um die Erleuchtung zu erreichen. Doch es kann auch in der Absicht rezitiert werden, Glück, persönliches Wachstum oder Gesundheit zu erlangen, oder auch für zeitlich begrenzte, aber dringende Ziele, wie zum Beispiel eine solch harte berufliche Nuss zu knacken wie die obige. Genau genommen kannst Du für alles chanten, was Du willst.

Du kannst für einen besseren Job chanten – oder aber für den Erfolg in Deinem jetzigen. Du kannst sogar für einen ganzen Berufsweg chanten, falls er sich noch nicht aufgetan hat. Du kannst für einen Lebenspartner chanten oder dafür, dass Du Dich mit Deinem aktuellen Partner besser verstehst. Du kannst auch dafür chanten, Depressionen abzuwenden oder Verzweiflung zu überwinden. Die meisten Buddhisten chanten tagtäglich für eine ganze Reihe von Dingen, von der Verbesserung des eigenen Charakters bis hin zu einem friedlicheren Umfeld. Doch in jedem Fall zielt das buddhistische Gebet darauf ab, die Buddhaschaft freizulegen, diesen höchsten Lebenszustand, der im Ausübenden bereits latent

* abgeleitet vom englischen »to chant«

vorhanden ist. Wie kam Nichiren auf diese konkrete und wirksame Formel zum Erreichen von Lebensträumen?

Wie Buddha Shakyamuni einst wollte auch Nichiren alle Menschen zur Erleuchtung führen. In vielen buddhistischen Schulen ist die Erleuchtung etwas weit Entferntes und der Prozess, sie zu erlangen, eine fast übermenschliche Aufgabe – etwas, das sich nur über viele Leben hinweg durch geduldige Bemühungen erreichen lässt.

Zu den traditionellen buddhistischen Strategien gehören unter anderem rigide Askese-Übungen, wovon einige strenge Veränderungen der Ess- und Lebensgewohnheiten erfordern. Im Lauf der Geschichte haben sich Buddhisten immer wieder aus dem Leben zurückgezogen in die Wälder, Berge und Klöster. Doch heute haben die meisten von uns keine Möglichkeit, sich aus Job und Alltag zu verabschieden und auf einen längeren spirituellen Retreat zu gehen – schon für ein Wochenende ist das schwierig genug. Genauso wenig ist es für die meisten praktikabel, sich in gewissen Zeitabständen dem Klosterleben zu widmen, beispielsweise ein oder zwei Mal im Jahr nach Indien zu reisen. Nichiren fand im 13. Jahrhundert eine Möglichkeit, diesen Weg zu verkürzen.

Nichiren und das Lotos-Sutra

Im Alter von zwölf begann Nichiren, der Sohn eines Fischers, die buddhistischen Sutras zu studieren. Er gelobte sich, »der weiseste Mensch in ganz Japan zu werden«.

Im Februar 1222 geboren, geriet er in eine Zeit voller religiöser und politischer Wirren. Die Feudalherren rangen miteinander um die Macht, Japan wurde von einer Erbfolge von Shogunen regiert. Im 13. Jahrhundert durchlebte das Land Epidemien, politischen Aufruhr, Erdbeben und eine unmittelbar bevorstehende Invasion von außen.

Mit sechzehn erhielt Nichiren die Ordination als Mönch und begann mit einem ernsthaften vergleichenden Studium der buddhistischen Lehren, die zu einer verwirrenden Bandbreite angewachsen waren. Besonders setzte er sich mit der Lehre der Tendai-Schule auseinander, die auf den Lehren des chinesischen Weisen Tiantai gründete. Ebenfalls untersuchte er die Lehren der Reine-Land- und der Zen-Schule, die sich damals in Zeiten der sozialen Unruhen schnell verbreiteten – nach dem Niedergang des kaiserlichen Adels und dem Aufstieg der Samurai-Klasse. Die Reine-Land-Lehren waren beim Volk sehr beliebt, die des Zen hingegen bei den Samurai. Nichiren jedoch beobachtete, dass die meisten Menschen sich ihrer eigenen Buddhanatur nicht bewusst waren, und selbst wenn sie diese prinzipiell akzeptierten, hatten sie doch nicht die leiseste Ahnung, wie sie diese Buddhanatur in ihrem alltäglichen Leben aktivieren konnten.

Nichiren erkannte Tiantais Leistung, die Sutras nach Gehalt und Wirksamkeit zu klassifizieren und insbesondere das Lotos-Sutra als das höchste und wirksamste herauszustellen. Aber er erkannte auch, dass die Meditationsmethoden, die er empfahl, jenseits des Erreichbaren für Normalsterbliche waren. Auch stellte er fest, dass der Lebensstil der Priester aus den verschiedenen buddhistischen Schulen – von den Tempeln in Kyoto bis zu den Klöstern auf dem Berg Hiei – im Verfall begriffen war: Sie bekriegten sich gegenseitig um Ruhm und Profit. Allmählich strebten sie auch nach politischer Macht und entfernten sich mehr und mehr vom Volk. Kein Wunder also, dass der Buddhismus darin versagte, Menschen in ihrem täglichen Leben zum Glück zu verhelfen.

Ende April 1253 verkündete Nichiren zum ersten Mal, dass Nam-Myoho-Renge-Kyo das eine wahre Gesetz sei, das große »Geheimnis«, das in den Tiefen des Lotos-Sutra verborgen lag. Oberflächlich betrachtet verwendete er Myoho-Renge-Kyo, die japanische Lesart des Titels des Lotos-Sutra, so wie er von dem Linguisten Kumarajiva vom Sanskritischen ins Chinesische übertragen wurde. Damit drückte Nichiren die Idee der Erleuchtung aus, indem er dem Titel noch *Nam* voranstellte, was soviel heißt wie »ich widme mich«. Noch tiefer betrachtet machte Nichiren damit Shakyamunis Erleuchtung – im Lotos-Sutra noch als Idee ausgedrückt – zum ersten Mal für alle Menschen erlebbar. Dies war ein enormer Fortschritt in der Geschichte des Buddhismus und darüber hinaus auch der Startschuss für eine Revolution der gängigen Vorstellung von Religion überhaupt.

Der Buddhismus Nichirens verlangt nicht, den menschlichen Begierden abzuschwören oder sie zu unterdrücken. Dies war im Vergleich zu anderen Schulen eine radikal andere Sichtweise, bestanden diese doch allesamt auf der Auslöschung irdischer Begierden, wenn man zu höherer Weisheit vordringen wollte. Nichiren hingegen verkündete, die Quelle aller Begierden sei das Leben selbst. Solange es Leben gibt, wollen wir instinktiv auch leben, uns der Liebe erfreuen, nach Eigennutz streben und so weiter. Da die Begierden dem innersten Kern des Lebens entspringen, sind sie letztlich unauslöschbar. Auch der Durst nach Erleuchtung ist letztlich eine Begierde.

Die Zivilisation entwickelte sich aufgrund der Instinkte und Begierden von Männern und Frauen. Das Streben nach Wohlstand produzierte wirtschaftliches Wachstum. Der Wille, dem Winter zu trotzen, führte zur Entwicklung der Naturwissenschaften. Die Liebe, eine Grundbegierde des Menschen, brachte die Literatur hervor.

Wir können unsere Begierden erfüllen, wenn wir uns von innen heraus verändern, aber nicht nur das: Auch unsere Begierden verändern sich dann. Sie werden gereinigt oder veredelt. Unsere eigenen Begierden dienen uns dann als Treibstoff, die uns zur Erleuchtung bringen.

Die Anhänger des Nichiren-Buddhismus chanten morgens und abends für die Erfüllung ihrer persönlichen Wünsche, eingebettet in größere Wünsche wie die Erleuchtung aller oder den Frieden auf der Welt. Diese Revolution im eigenen Innern, diese Transformation unserer eigenen Begierden geht untrennbar einher mit einer Veränderung in der äußeren Umgebung. Nichiren-Buddhisten arbeiten unermüdlich daran, Frieden und Harmonie an ihren Arbeitsplatz, in ihre Familien und die Nachbarschaft zu bringen. Gleichzeitig ringen sie beharrlich damit, das buddhistische Gesetz in ihrem Inneren zu manifestieren. Niemand muss einen Berggipfel erklimmen, um dort zu meditieren, wir aber klettern jeden Tag. Morgens und abends. Wir Nichiren-Buddhisten erklimmen den Berg der Erleuchtung in unserer eigenen Wohnung – mithilfe der buddhistischen Ausübung.

Den religiösen Überlieferungen des alten Indien zufolge wäre Nam-Myoho-Renge-Kyo ein Mantra und der Gohonzon, also die Schriftrolle, auf die man sein Chanten richtet, wäre ein Mandala. Doch die Ausübung des Nichiren-Buddhismus ist alles andere als eine passive Form der Meditation, sie ist vielmehr ein dynamischer Ausdruck von Geist und Herz.

Die Ergebnisse dieser Ausübung können subtil, aber auch dramatisch sein. Hier ein Beispiel aus Tina Turners Autobiographie *I, Tina* (verfilmt unter dem Titel *What's Love Got to Do With It?*). Darin beschreibt sie ihr anfängliches Unvermögen, den lang anhaltenden brutalen Misshandlungen Ihres Ehemannes zu entkommen. Diese Geschichte ist wohlbekannt und kann als Sinnbild für alle Situationen in unserem Leben dienen, aus denen wir kein Entkommen sehen. Nichts scheint zu gelingen, nicht der Schimmer eines Lichtblicks tut sich auf, der uns aus unserem Leid herausführen könnte. Als ihr eine Bekannte das Chanten von Nam-Myoho-Renge-Kyo beibringt, beginnt Tina unmittelbar danach mit der Rückeroberung ihres Lebens. Sie besiegt ihre Ängstlichkeit und erobert sich ihre Würde und Freiheit zurück. Und am Ende, wie wir alle wissen, beginnt sie eine ungeheuer erfolgreiche Solokarriere.

In diesem Fall sorgte das Chanten von Nam-Myoho-Renge-Kyo dafür, dass sie in die Gänge kam, für die Kraft zum Kämpfen und Handeln, damit ihr Schicksal einen besseren Lauf nehmen konnte. Ihr Grundbedürfnis in dieser Situation war nicht »innerer Frieden«, sondern »Entschlossenheit nach außen«. Es gibt unzählige solcher Fälle, in denen buddhistische Ausübende aus der Endlosresignation ausbrechen und fröhlich zu kämpfen beginnen.

In vielen Meditationsformen ist es schwierig festzustellen, ob wir korrekt meditieren oder ob wir überhaupt meditieren. Leicht verlieren wir die Konzentration auf das Mantra oder den Atem. Unser Geist lässt sich leicht ablenken – von Sorgen, Fantasien, Tagträumen und anderen Gedanken. Im Gegensatz dazu hilft uns das Chanten dabei, den Geist zu fokussieren. Man chantet Nam-Myoho-Renge-Kyo in einem stetigen, kraftvollen Rhythmus – jedoch nicht so laut, dass man Nachbarn oder Mitbewohnern damit auf die Nerven fällt.

Am Anfang mag das alles seltsam anmuten, aber es ist ohne Zweifel etwas Konkretes, Praktikables. Jeder kann es einfach tun. Du kannst es ebenfalls ausprobieren. Sprich diesen Satz drei Mal aus, laut oder eher leise, ganz wie Du willst. Wenn Du dies tust, dann hast Du, ob Du es nun glaubst oder nicht, bereits einen bedeutenden Schritt auf dem Weg zur Erleuchtung getan. In Kapitel 8 erfährst Du Genaueres über Aussprache und Rhythmus.

Was soll an Nam-Myoho-Renge-Kyo dran sein?

Diese Frage taucht sofort auf: Wie kann das Rezitieren eines Satzes, dessen Bedeutung ich kaum verstehe, in meinem Leben irgendetwas bewirken? Eine Erklärung, die Buddhisten an dieser Stelle gerne geben, ist der Vergleich von Nam-Myoho-Renge-Kyo mit Milch.

Ein Baby ernährt sich von Muttermilch und später von Kuhmilch lange bevor es versteht, was Milch überhaupt ist. Der Nährwert von Milch steckt nun mal in der Milch, und zwar unabhängig davon, ob wir darum Wissen oder nicht. Schließlich muß man auch nicht wissen, wie ein Auto funktioniert, um Auto zu fahren. Ohne Frage mag es hilfreich sein, etwas von Kfz-Technik zu verstehen, und so ist auch das Studium wichtiger Bestandteil einer ausgewogenen buddhistischen Ausübung.

Dennoch ist es wichtig zu wissen: Chanten funktioniert unabhängig davon, ob Du es verstehst oder nicht, ob Du daran glaubst oder nicht. Tatsächlich beginnen viele Menschen mit dieser Ausübung in der festen Absicht, ihren Freunden zu beweisen, dass es *nicht* funktioniert, um dann unweigerlich überrascht festzustellen, *dass* es funktioniert. Nam-Myoho-Renge-Kyo wirkt bei jedem: ob jung oder alt, männlich oder weiblich, arm oder reich, skeptisch oder aufgeschlossen, ignorant oder scharfsinnig, ob europäischer, afrikanischer oder anderer Herkunft, ob links, rechts oder grün.

Im Nichiren-Buddhismus ist Nam-Myoho-Renge-Kyo das Gesetz des Universums. Wenn Du es chantest, legst Du das Gesetz in Deinem eigenen Leben frei und bringst Dich in Harmonie und in den Rhythmus des Universums. Der Begriff *Gesetz* wird hier im wissenschaftlichen Sinne gebraucht, so wie das Gesetz der Schwerkraft. Weil die Schwerkraft ein Gesetz des Lebens ist, betrifft es uns, egal, ob wir es theoretisch verstehen oder nicht. Wenn Du vor 1666, als Newton dieses Gesetz formulierte, von einem Felsen gesprungen wärest, hättest Du genauso die Konsequenzen erlitten wie nach 1666. Nam-Myoho-Renge-Kyo ist ebenfalls ein Gesetz des Lebens, sagte Nichiren. Es ist eigentlich *das* Gesetz des Lebens. Wie kann das sein?

Um dies zu begreifen, kann es helfen Nam-Myoho-Renge-Kyo mit Einsteins spezieller Relativitätstheorie zu vergleichen, die sich in der berühmten Gleichung $E = mc^2$ ausdrückt. Sie ist ein Grundstein für unsere Betrachtung des Kosmos. Aber verstehen wir sie wirklich? Wir wissen, dass E für Energie steht und m für Masse, die mit der Lichtgeschwindigkeit im Quadrat – c^2 – multipliziert wird. Selbst wenn die Allgemeinheit nur eine vage Vorstellung davon hat, was diese Begriffe bedeuten, ist den meisten doch klar: Die Symbole, die Einstein verwendete – E, m, c – stehen für mathematische und physikalische Konzepte, die zwar abstrakt sind, aber sich auf die Wirklichkeiten von Zeit, Raum, Energie und Materie in dieser Welt beziehen. Das Gleiche gilt für jedes einzelne Schriftzeichen von Nam-Myoho-Renge-Kyo.

Auch wenn uns die Bedeutung von $E = mc^2$ im Alltag nicht präsent ist, wird fast jeder heutzutage gerne die Richtigkeit von Einsteins Gleichung bestätigen, weil sie unzählige Male in der wirklichen Welt bewiesen wurde. In den frühen Tagen seiner Laufbahn wurde Einstein verlacht und als atheistischer Spinner und »Bolschewistenforscher« abgetan.

Erst im Jahr 1919 wurde die Richtigkeit seiner Theorie bewiesen: Als auf der Insel Principe vor der westafrikanischen Küste eine totale Sonnenfinsternis herrschte und ein britischer Forschungstrupp die Ablenkung des Sternenlichts untersuchte, stellten die Wissenschaftler fest, dass sie mit den Prinzipien der allgemeinen Relativitätstheorie übereinstimmte. Seither wurden seine Theorien in der physikalischen Welt immer wieder auf die Probe gestellt – von den ungeheuren Kräften der Kernfusion bis hin zu den Berechnungen der modernen Astronomie – und sie hielten stand. Einsteins Modell des Universums scheint im Wesentlichen zu passen.

Der Buddhismus hat gleichfalls eine theoretische und eine empirische Basis. Nichiren entdeckte das Gesetz des Lebens, Nam-Myoho-Renge-Kyo, und gab es an seine Anhänger und Nachfolge-Generationen weiter mit der implizierten Anweisung: Hier ist das Gesetz, nun geht los und testet es unter den Realitäten des Lebens und des Universums. Findet heraus, ob es funktioniert, zu allen Zeiten, unter allen Bedingungen und Umständen. Alle, die Nam-Myoho-Renge-Kyo chanten, nehmen deshalb sozusagen an einem Experiment teil, in dem sie es immer wieder erneut testen und die Kraft und Wirksamkeit dieses Gesetzes in ihrem eigenen Leben ausloten.

Doch um Ergebnisse zu erzielen, musst Du tatsächlich chanten. Du kannst über diesen Buddhismus lesen und reden, doch am Ende bleibt es nur blanke Theorie.

Der Unterschied zwischen rein theoretischem Studium und der buddhistischen Praxis ist wie der Unterschied zwischen dem Wissen, wie man nach Gold gräbt, und dem Erleben, wenn man Gold findet. Du kannst niemals wissen, wie tiefgründig Nam-Myoho-Renge-Kyo ist, bevor Du es nicht am eigenen Leib erfährst. Es ist, um einen weiteren Vergleich anzuführen, wie der Versuch, in einem abgelegenen Wüstenreich jemandem zu erklären, wie Erdbeereis schmeckt. Dieser jemand hat aber noch nie Erdbeeren oder Eiskrem probiert. Du kannst diesem Menschen sagen, dass es feucht und kalt ist, sahnig und süß. Doch klar ist, dass jede noch so wortreiche Erklärung niemals an das tatsächliche Geschmackserlebnis von Erdbeereis heranreicht. Im Buddhismus wie im Leben gilt: Nichts kann echte Erfahrung ersetzen.

Unter diesem Vorbehalt können wir uns an eine Definition des Satzes *Nam-Myoho-Renge-Kyo* wagen. Wie bereits gesagt beruht diese »Formel« auf dem Titel des Lotos-Sutra, dem Herzstück von Shakyamunis Lehre. Dem Titel wird ein *Nam* vorangestellt, das sich aus dem Sanskrit-Begriff *Namas* herleitet und soviel heißt wie »sich widmen«. Im Buddhismus wird dem Titel eines Sutras große Bedeutung beigemessen. Wie Nichiren schrieb: » ... der Titel – oder das Daimoku – von Nam-Myoho-Renge-Kyo [enthält] das gesamte Sutra mit seinen acht Bänden, achtundzwanzig Kapiteln und 69.384 Schriftzeichen, ohne auch nur ein einziges Zeichen auszulassen.«

So wie die Symbole in Einsteins Relativitätstheorie, steht ein jedes der Schriftzeichen von Nam-Myoho-Renge-Kyo für eine tiefgründige Wahrheit, die allem Leben innewohnt. Erklären wir sie im Einzelnen:

Myoho bedeutet »mystisches Gesetz«, das, obwohl es zutiefst wahr ist, nicht erklärt werden kann. Was zum Beispiel ist Schwerkraft nun wirklich? Warum werden einige Menschen als Schönheiten geboren? Oder mit einer Behinderung? Warum sterben einige Menschen jung? Nichiren schrieb:

> Was bedeutet also *Myo*? Es ist einfach die unergründliche Natur unseres Lebens von einem Augenblick zum nächsten, das der Geist nicht zu begreifen vermag und Worte nicht ausdrücken können. Wenn wir in einem beliebigen Moment unser Herz betrachten, erkennen wir weder Farbe noch Form, anhand derer wir feststellen könnten, dass es existiert. Dennoch können wir nicht sagen, es existiere nicht, denn uns kommen unaufhörlich viele verschiedene Gedanken. Das Herz kann nicht als existent oder nichtexistent angesehen werden. Leben ist tatsächlich eine schwer fassbare Realität, die die Begriffe von Existenz und Nichtexistenz übersteigt. Es ist weder Existenz noch Nichtexistenz und weist dennoch Eigenschaften von beidem auf. Es ist das mystische Wesen des Mittleren Weges, das die letztendliche Wirklichkeit ist. *Myo* ist der Name für die mystische Natur des Lebens, und *Ho* der Name seiner Manifestationen.[1]

Myo so erklärt er, bedeutet wortwörtlich »mystisch« oder »jenseits aller Beschreibung« – es ist die letztendliche Wirklichkeit des Lebens. *Ho* hingegen bedeutet »alle Phänomene«. Die Zusammensetzung *Myoho* besagt, dass alle Phänomene ein Ausdruck des Gesetzes sind.
Nichiren verweist im Hinblick auf des Schriftzeichen *Myo* auf drei Bedeutungen:

Die erste Bedeutung ist »öffnen« in dem Sinne, dass es jedem Menschen möglich ist, sein volles Potenzial zu entfalten. Eine weitere Bedeutung von *Myo* ist »wiederbeleben«. Wenn der Name des mystischen Gesetzes gechantet wird, hat es die Kraft, das eigene Leben zu revitalisieren. Und die dritte Bedeutung lautet »vollkommen ausgestattet sein«, was bedeutet: Das mystische Gesetz stattet den Menschen mit den Ressourcen aus, die das eigene Glück gewährleisten.

In anderen Schriften schreibt Nichiren, *Myo* stehe auch für »Leben« und *Ho* für »Tod«. Wie kann ein einziges Wort *Myoho* – so viel bedeuten? Das geschriebene Chinesisch, die Gelehrtensprache des alten Japan, in der Nichiren oft schrieb, ist wunderbar bildhaft: Ein einziges Zeichen kann einen Kontext von weiteren verwandten Bedeutungen anklingen lassen. Über *Myoho* könnte ein ganzes Buch geschrieben werden – oder zumindest ein ellenlanges Kapitel.

Darauf folgt *Renge*, was wortwörtlich »Lotosblume« bedeutet – daher der Titel Lotos-Sutra. Der Lotos hat in den Traditionen des Buddhismus eine tiefe Bedeutung. In der Natur können Lotospflanzen gleichzeitig blühen und Früchte tragen, daher symbolisieren sie die Gleichzeitigkeit von Ursache und Wirkung.

Aus der wissenschaftlichen Methodik wissen wir bereits, dass allen Phänomenen das Prinzip von Ursache und Wirkung zugrunde liegt. Alles im Universum hat seine Ursachen und Wirkungen. Der Buddha verstand dies bereits vor mehr als zweieinhalbtausend Jahren. Doch im Buddhismus haben Ursache und Wirkung eine viel größere Bandbreite, wenn sie auf das menschliche Leben angewendet werden.

Wir schaffen Ursachen durch Gedanken, Worte und Taten. Mit jeder Ursache, die wir setzen, wird gleichzeitig in den Tiefen des Lebens eine Wirkung registriert und die Auswirkungen davon manifestieren sich in der Außenwelt, wenn die passenden Bedingungen dafür zusammenkommen. Auch wird die Lotosblume im Buddhismus dafür geschätzt, dass sie in trüben, sumpfigen Gewässern blüht – damit symbolisiert sie das Aufkommen unserer Buddhanatur aus dem »Sumpf« unserer alltäglichen Begierden und Probleme. Auf ähnliche Weise wird die Gesellschaft mit einem trüben

Sumpf verglichen, aus dem wir Buddhas erscheinen. Dies alles will sagen: Egal wie schwierig sich unser Leben gerade gestaltet, egal wie groß unsere momentanen Herausforderungen sind, die Blume der Buddhaschaft kann jederzeit aufblühen.

Kyo bedeutet »Sutra« oder »Lehre«, lässt sich aber auch als »Klang« übersetzen. Der Buddha lehrte wie alle damals durch das gesprochene Wort. Das geschriebene Wort hielt man in jenem Zeitalter für unzuverlässig und anfällig für Fälschung und Fehlinterpretationen. Man sagt auch, die Stimme verrichte die Arbeit des Buddha. Und zweifellos geht von einer Person, die Nam-Myoho-Renge-Kyo chantet, etwas Kraftvolles aus. Man spürt ihre stille Entschlossenheit und ihren starken Willen, wenn ihr eigenes rhythmisches Chanten mit dem Rhythmus des Universums verschmilzt.

Nimmt man dies alles zusammen, könnte der Satz Nam-Myoho-Renge-Kyo übersetzt etwa folgendermaßen lauten: »Ich widme mich dem mystischen Gesetz von Ursache und Wirkung durch den Klang (meiner Stimme).« Entscheidend dabei ist: Man muss den Satz weder ins Deutsche übersetzen noch wäre dies besonders wünschenswert. Auch muss man nicht lang und breit über dessen Bedeutung sinnieren, um aus dem Chanten dieses Satzes Wohltaten zu erhalten. Selbst wenn es schwierig ist, im Frühstadium der eigenen Ausübung das alles zu verstehen, so zählt vielmehr, einfach aufrichtig für die eigenen Ziele zu chanten. Dann schaue mit offenem Herzen, was passiert.

Das Chanten, das wiederholte Rezitieren, unterscheidet sich in gewisser Hinsicht von den herkömmlichen westlichen Vorstellungen vom Gebet. Es wird keine äußere Macht um Lösungen angefleht, ein Buddhist trommelt damit vielmehr seine inneren Ressourcen zusammen, um sein Problem anzugehen. Das Chanten wirft die Pumpe für das Hervorkommen der Buddhanatur an, die in den Tiefen unseres Lebens schlummert. Wenn wir chanten, geben wir uns selbst ein Gelübde oder fassen einen Entschluss. Statt »bitte, lass dies und das geschehen« oder »Herr, gib mir die Kraft, dass dies und das passieren kann«, lautet das buddhistische Gebet eher: »Ich werde dieses und jenes Wirklichkeit werden lassen« oder »Ich verspreche, mein Leben dahingehend zu verändern, dass dies und das passiert.«

Das eigene Karma verändern

Die meisten von uns können die Gültigkeit von Ursache und Wirkung bestätigen – als allgemeine Spielregel der Natur und als Grundlage für die moderne Wissenschaft.

Wir können problemlos anerkennen, dass jede Ursache ihre Wirkung hat und dass alles, was im Leben geschieht, sich auf eine Reihe von Ursachen zurückverfolgen lässt. Dies führt in der Regel zu einer ganzen Kette von miteinander verbundenen Wirkungen. Du kannst den Lichtschalter betätigen und das Licht geht an. Es regnet, das Dach leckt. So sind wir geneigt, die verschiedenen Ursachen und Wirkungen linear zu betrachten, als unendliche Kette von Ursachen und Wirkungen.

Doch der Buddhismus sieht die Wirklichkeit von Ursache und Wirkung viel subtiler und komplexer.

Der Buddhismus lehrt, dass Ursache und Wirkung im Wesentlichen gleichzeitig geschehen. In dem Moment, in dem eine Ursache gesetzt wird, ist damit auch schon die Wirkung angelegt, wie ein Same, der in den Tiefen des Lebens eingepflanzt wird. Während die Wirkung zeitgleich mit der gesetzten Ursache »eingepflanzt« wird, muss sie sich nicht unbedingt sofort zeigen. Die Wirkung zeigt sich in manifester Form erst dann, wenn die richtigen äußeren Bedingungen zusammentreffen.

Eine Eichel fällt zu Boden und schlägt dort Wurzeln. Es mag Jahrzehnte dauern, bis eine mächtige Eiche die volle Wirkung dieser Ursache manifestiert. Die Wirkung mag zwar gleichzeitig sein in dem Sinne, wie die Ursache für die Eiche aufgetreten ist, doch erst nach Jahren manifestiert sie sich in vollem Umfang. Die letztendliche Wirkung für die Eiche war bereits latent in der Eichel vorhanden, doch es brauchte viele Jahre Regen und Sonnenschein, um die richtigen Bedingungen für das Wachstum des Baumes zu schaffen.

Das gilt auch im Negativen: Angenommen jemand schaufelt eine Zeitlang Cholesterinbomben in sich hinein. Erst nach Jahren treten schädliche Wirkungen wie Arteriosklerose oder Herzerkrankungen auf. Wir Menschen setzen tagtäglich Myriaden von Ursachen durch unsere Gedanken, Worte und Taten und für jede Ursache erhalten wir eine Wirkung. Doch es kann lange dauern, bis sich die Wirkung manifestiert.

Der Buddhismus unterteilt das Konzept von Ursache und Wirkung noch weiter in *innere Ursache, äußere Ursache, latente Wirkung* und *manifeste Wirkung*. Daisaku Ikeda sagte dazu:

> Jede Handlung im Leben ist die Folge eines äußeren Reizes. Gleichzeitig ist jedoch die wahre Ursache die innere Ursache im Innersten des Menschen. Um ein ganz einfaches Beispiel zu nennen: Wenn jemand Sie schlägt und Sie zurückschlagen, so ist der erste Schlag der Stimulus, der zum zweiten Schlag führt, aber er ist nicht die letztendliche Ursache.
> Sie können behaupten, dass Sie die Person geschla-

> gen haben, weil sie damit angefangen hat, aber in Wahrheit haben Sie sie geschlagen, weil Sie sie sind. Die wirkliche Ursache lag in Ihrem Innersten, immer bereit, durch die äußere Ursache provoziert zu werden.[2]

Um dieses Beispiel weiter auszuführen: Vielleicht hast Du in einer frühen Lebensphase gelernt, auf ein bestimmtes Verhalten von anderen am besten mit einer wütenden Abwehrhaltung zu reagieren, um Dich zu schützen.

Vielleicht hat ein Geschwister Dich gemobbt und Du hast früh gelernt, dass die körperliche Verteidigung die einzige Lösung ist, um einigermaßen heil davonzukommen. Diese innere Haltung von Dir, diese Neigung, sofort zurückzuschlagen – sie ist die Ursache, dass Du zuschlägst, wenn ein anderer Dich schlägt, und nicht die bloße Tatsache, geschlagen zu werden. Man könnte sagen: Es war Dein Karma, in einer solchen Situation zurückzuschlagen.

Die Vorstellung von Karma war seit dem Zeitalter der Upanischaden ein Grundbestandteil der indischen Philosophie, also schon dreihundert Jahre vor Shakyamunis Erleuchtung. Das Wort kommt aus dem Sanskrit und bedeutet »Handlung«. Es gibt drei Arten von karmischer Handlung: Gedanken, Worte und Taten. Zusammengenommen bilden diese drei Arten von Handlungen oder Ursachen, die Du im Laufe Deines Lebens ständig setzt, Dein Karma. Mit anderen Worten: Dein Karma ist das Gesamtergebnis jeder einzelnen Ursache, die Du in Deinem Leben gesetzt hast – und in Deinen Leben davor, doch mehr dazu später.

Karma lässt sich gemeinhin in gutes Karma und schlechtes Karma unterscheiden, genauso wie man Ursachen als gute Ursachen und schlechte Ursachen bezeichnen kann. Diese Kategorien treffen auf alle drei Formen von karmischer

Handlung zu: Gedanke, Wort und Tat. Beispielsweise mag gutes Karma entstehen, wenn man Mitgefühl und Duldsamkeit an den Tag legt und die damit einhergehenden geistigen Zustände kultiviert. Schlechtes Karma mag sich aus negativen Haltungen wie Gier oder Ärger bilden und aus den konkreten Taten, die diesen geistigen Zuständen entspringen.

Unser Karma ist wie ein Kontoauszug der latenten Wirkungen, die wir erleben werden, wenn unser Leben mit den entsprechenden Bedingungen in unserer Umgebung zusammentrifft. Gute Ursachen rufen angenehme, wohltuende Ursachen hervor, schlechte Ursachen sorgen für Leid. Unsere Handlungen in der Vergangenheit haben einen Einfluss auf unsere gegenwärtige Existenz. Und unsere jetzigen Handlungen gestalten unsere Zukunft.

Das Prinzip des Karmas funktioniert laut Nichiren absolut präzise. Es gibt kein Entkommen aus unseren Handlungen der Vergangenheit. Das Gesetz von Ursache und Wirkung durchdringt unser Leben durch alle vergangenen und zukünftigen Existenzen hindurch und zeigt sich im Hier und Jetzt.

Nichts ist vergessen, ausgelöscht oder verloren gegangen. Es ist ein Fehler zu denken, dass wir alle Probleme hinter uns lassen und einfach auf die Malediven oder eine andere tropische Insel ziehen können, um dort ein sorgenfreies Leben zu führen. Wir tragen unser Karma immer mit uns wie einen Koffer, egal, wohin wir gehen. Alles in unserer Existenz ist für alle Zeiten in den tiefsten Schichten unseres Lebens eingraviert. Bleibt uns dann keine andere Wahl, als sich passiv und resigniert in die Auswirkungen unseres Karmas zu fügen, das wir in unserer Vergangenheit erschaffen haben?

Nein. Im Buddhismus schaffen wir Karma durch unsere eigenen Handlungen, deshalb haben wir auch die Macht, es zu verändern. Dies ist das Versprechen, das uns die Ausübung des Buddhismus gibt.

Theoretisch müssten wir ja einfach nur die bestmöglichen Ursachen setzen, um ein gelingendes Leben zu führen – doch in den meisten Fällen haben wir wenig Kontrolle über die Ursachen, die wir setzen. Eher scheint es, als hingen wir an einer lückenlosen Kette von Ursache und Wirkung, die unser Karma ist, und handeln entsprechend mal recht, mal schlecht.

Doch wenn wir Nam-Myoho-Renge-Kyo chanten, werfen wir Licht auf die negativen Aspekte unseres Karmas – wir sehen unsere eigenen Schwächen überdeutlich – und wir können Maßnahmen ergreifen, um uns selbst und unser Schicksal zu verändern. Nichiren gebrauchte das Bild eines Spiegels, um diesen Prozess der Selbstwahrnehmung zu beschreiben. Vor mehr als siebenhundert Jahren schrieb er:

> Solange jemand in Illusionen lebt, nennt man ihn ein gewöhnliches Wesen, doch ist er erleuchtet, nennt man ihn einen Buddha.
> Dies lässt sich mit einem blinden Spiegel vergleichen, der wie ein Juwel glänzt, sobald er poliert wird. Das Herz, momentan umwölkt von Illusionen aus der innewohnenden Dunkelheit, ist wie ein blinder Spiegel. Doch poliert man es, wird es ganz sicher wie ein klarer Spiegel, der die essentielle Natur aller Phänomene und die richtige Ansicht der Wirklichkeit zeigt. Entwickeln Sie tiefen Glauben und polieren Sie Ihren Spiegel fleißig bei Tag und bei Nacht. Wie Sie ihn polieren sollten? Nur durch das Rezitieren von Nam-Myoho-Renge-Kyo.[3]

Was das Gesetz von Ursache und Wirkung betrifft, so sagt Nichiren, das Chanten von Nam-Myoho-Renge-Kyo sei die beste Ursache, die ein Mensch setzen kann. Das bedeutet nicht, dass jemand mit einem ernsten Problem unbedingt zu

Hause bleiben und den ganzen Tag lang chanten soll. Das wäre reiner Eskapismus, eine Ausflucht. Vielmehr bedeutet es, man sollte zuallererst für die Weisheit chanten, um das Problem mutig anzupacken, dann ins Leben zu gehen und entschlossen zu handeln. In diesem klaren Licht der Erleuchtung gelangen wir nicht nur zu einem klaren Selbstverständnis, wir können uns auch verändern und die höchste Daseinsweise erreichen, die für Menschen vorstellbar ist.

Letztlich chanten wir Nam-Myoho-Renge-Kyo, um unsere Buddhaschaft freizulegen, mit der wir das Gesetz des Universums wahrnehmen und verstehen können und gleichzeitig die Weisheit erhalten, um dieses Gesetz auf unser Leben anzuwenden.

Erinnere Dich an das Beispiel der Eichel. Ebenso wie sie den Samen für eine mächtige Eiche enthält, so trägst Du in Deinem Innern auch den Samen der Erleuchtung. Daisaku Ikeda schrieb dazu: »Wenn Du Nam-Myoho-Renge-Kyo rufend aktivierst, dann rufst Du Deine Buddhanatur – oder Nam-Myoho-Renge-Kyo – in Dir selbst hervor. Dann bist Du selbst der Buddha.«[4]

Deine Erleuchtung im Praxistest

Der Durchschnittsmensch, eingebunden in die Anforderungen seines Alltags, strebt im Allgemeinen nicht danach, den erhabenen und glücklichen Zustand der Buddhaschaft zu erreichen, zumindest nicht auf eine langfristige, konsequente Weise. Wer damit zu kämpfen hat, die Miete zu zahlen und die Familie zu ernähren, wird in der Regel nicht viel dafür übrig haben, über das Erlangen der Erleuchtung zu sinnieren.

So gesehen ist es nur allzu vernünftig, erst einmal für die grundlegenden materiellen und emotionalen Bedürfnisse zu chanten, um eine feste Grundlage zu haben, auf der sich nach Höherem streben lasst – zum Beispiel nach der Buddhaschaft.

Die Ausübung des Buddhismus Nichirens liefert anfangs klare und greifbare Wohltaten, darunter vor allem eine positivere Geisteshaltung – einen hoffnungsvollen Kampfgeist statt resignierter Niedergeschlagenheit –, die aus dem tiefsten Innern emporsteigt. Dies wiederum führt zu Weisheit und konstruktivem Handeln, um jede negative Situation zu drehen, die einem zustoßen mag.

Wenn du mit der Ausübung beginnen willst, versuche einmal, Nam-Myoho-Renge-Kyo für etwa fünf Minuten zu chanten, jeden Tag, morgens und abends. Suche Dir dafür eine Zeit und einen ruhigen Ort aus, an dem Du andere nicht störst. Dafur taugt zum Beispiel das Schlaf- oder das Arbeitszimmer. Notfalls kann man es auch im Auto tun, doch vorzugsweise nicht im hektischen Stoßverkehr. Setz Dich gerade hin und atme frei und leicht. Sei nicht enttäuscht, wenn erst einmal keine großen Empfindungen kommen. Weder brauchst Du an etwas Bestimmtes denken, noch musst Du über die Bedeutung dieses Satzes sinnieren. Versuche einfach, einen Rhythmus beim Chanten zu finden.

Du kannst natürlich viel länger als fünf Minuten chanten, wenn Dir danach ist. In Krisenzeiten, wenn zum Beispiel ein Angehöriger oder ein geliebter Mensch schwer krank ist, chanten Buddhisten manchmal mehrere Stunden am Stück. Sie trinken zwischendurch höchstens einen Schluck Wasser oder gehen zur Toilette. Du kannst nach Herzenslust chanten, so lange und so oft Du willst. Doch wichtig ist konsequentes Dranbleiben und Durchhalten. Allein die Disziplin, morgens und abends zu chanten, bringt einen frischen Rhythmus ins Leben, der an sich schon eine heilsame Wirkung hat.

Größere Hoffnung an den Tag legen, Beziehungen besser gestalten, motivierter ans Werk gehen – dies sind nur ein paar der zahlreichen spirituellen und emotionalen Nutzen, die Menschen erleben, wenn sie loslegen mit ihrer buddhistischen Ausübung. Zudem werden Anfänger oft ermuntert, für bestimmte Ziele zu chanten und sich darauf zu konzentrieren, ein klares, konkretes Ergebnis zu erzielen.

Wenn Du zum Beispiel im Vertrieb tätig bist, könntest Du dafür chanten, deine Umsatzzahlen zu erreichen – oder gar zu übertreffen. Wenn Du ein Musiker bist, magst Du vielleicht dafür chanten, ein besonders schwieriges Stück zu beherrschen. Das sind sehr konkrete Ziele. Allgemeiner gesprochen könnte es auch so sein: Du hegst schon lange den Wunsch, Gedichte oder Drehbücher zu schreiben, doch Du bist gezwungen, Deine Brötchen mit einer Arbeit zu verdienen, die nichts mit Deinem Traum zu tun hat. In diesem Fall mag Dein Ziel sein, dich in kleinen, realistischen Schritten Deinem künstlerischen Ziel zu nähern, indem Du neben der Arbeit Zeit dafür frei machst. Wer vom Chanten konkrete Wohltaten erlebt, der wird als beginnender Buddhist feststellen, dass sich ganze Wert- und Bewertungsmaßstäbe ändern. Einst unerreichbare Träume werden allmählich ganz realistische Ziele.

Wenn beginnende Buddhisten mit der Praxis weiter machen, merken sie, dass sie nicht nur ihre Grundprobleme lösen, sondern tiefe Veränderungen im eigenen Inneren erfahren. Hier einige davon, die Du erwarten darfst:

- **Weisheit** – die Fähigkeit, aus dem vorhandene Wissen den größten Wert zu ziehen.

- **Ein Bewusstsein von der Ewigkeit des Lebens** – indem wir die Funktionsweise des Gesetzes von

Ursache und Wirkung praktisch nutzen und beobachten, sehen wir das Leben allmählich als eine endlose Reihe von Ursachen und Wirkungen. Es erstreckt sich von der weiten Vergangenheit in die weite Zukunft – weniger bedingt von kurzfristigen, schnelllebigen Interessen.

- **Beharrlichkeit und Durchhaltevermögen** – die Fähigkeit, sich ungünstigen Umständen mutig zu stellen, sowie die Geduld und das Stehvermögen zu entwickeln, positiv mit Hindernissen umzugehen.

- **Gelassenheit** – ruhig und heiter bleiben, mitten in den Turbulenzen des Lebens.

- **Mitgefühl** – gesteigerter Großmut und die Fähigkeit, sich in andere hineinzufühlen.

- **Erleuchtung** – ein Zustand, der von Weisheit durchdrungen ist, in dem alles, was man tut, die Buddhanatur widerspiegelt. Ein Zustand vollkommener Freiheit, bereinigt von Illusionen und voller Mitgefühl.

Rom wurde nicht an einem Tag erbaut. Genauso wenig kannst Du beim ersten Chanten all Deine Probleme auf einmal lösen.

Ein ganzes Leben – wenn nicht mehrere – voller angehäuftem Karma ist wie Rost: Er muss sorgfältig weggebürstet werden, Tag für Tag. Doch es wäre ungewöhnlich, wenn Menschen, die aufrichtig und regelmäßig chanten, nicht irgendein Zeichen oder einen Nutzen erlebten – einen Durchbruch in der Arbeit, ein Anruf zur rechten Zeit von einem lange vermissten Freund, ein Geldsegen oder einfach die Feststellung, dass Sie mehr lächeln und die Mitmenschen auf einmal anders mit einem umgehen.

Jedes Mal, wenn wir durch das Chanten Nutzen und Wohltaten erleben, sind wir ermutigt, damit weiterzumachen. Und wenn wir erleben, wie unsere buddhistische Ausübung handfeste Beweise hervorbringt, teilen wir unsere Erfahrungen gerne mit anderen. Dieses Teilen und Mitteilen ist ein weiterer Schlüssel für die Entwicklung unseres inneren Potenzials für die Erleuchtung, für die Buddhaschaft. Schließlich werden wir dahin kommen, inbrünstig für das Glück unserer Freunde, Familie und Kollegen zu chanten. Denn der Prozess der Erleuchtung bringt automatisch die Erkenntnis mit sich, dass das eigene Selbst mit allen anderen Menschen verbunden und unser Glück eingewebt ist in das gesamte Wohlergehen der Gesellschaft, in der wir leben.

Der Dichter John Donne schrieb treffend: »Niemand ist eine Insel.« In der Tiefe des Lebens haben wir alle teil an derselben kosmischen Lebenskraft. Daher wird es bald wesentlich, den Buddhismus für das eigene Glück UND das der anderen auszuüben. Wie wir im nächsten Kapitel sehen werden, lehrt der Buddhismus, dass unser eigenes Leben untrennbar verwoben ist mit dem unserer Freunde, unserer Umgebung, unserer Welt – ja sogar mit dem gesamten Kosmos.

ooo

3 Das Selbst und seine Welt

Wenn du die Gesellschaft verändern willst,
dann verändere zuerst einmal dich selbst.
– Thomas Carlyle

Eine große innere Revolution
in einem einzigen Menschen
wird das Schicksal der
gesamten Menschheit
mitverändern.
– Daisaku Ikeda

In dem Filmklassiker *Singin' in the Rain* tanzt Gene Kelly eine Straße hinunter, während es in Strömen regnet. Klackernd schwingt er die Fersen in die Luft, fröhlich wirbelt er um Laternenpfosten – und das mitten im strömenden Regen.

Dieser Film eroberte jahrzehntelang die Herzen von Jung und Alt, wegen der guten Laune, die er macht, aber nicht nur deshalb. Er verweist auch auf eine tiefer liegende Wahrheit, die wir im Alltagsleben oft übersehen: Mag die Welt da draußen heiter oder wolkig sein – was wirklich zählt, ist der Zustand unseres Innenlebens.

Ein erleuchteter Mensch ist jemand, der einem Tsunami von Problemen mit Weisheit und Haltung begegnen kann. Dieses Bild von innerer Zufriedenheit inmitten von äußeren Turbulenzen eignet sich perfekt dafür, das buddhistische Konzept von der Einheit von Selbst und Umgebung vorzustellen.

Gewöhnlich denken wir, unsere Haut bilde die Grenze zwischen unserem Körper und der Außenwelt. Den Austausch zwischen diesen beiden getrennten Bereichen sehen wir üblicherweise beschränkt auf Nahrungsaufnahme, Atmung und die gelegentlichen Nadelstiche der Wirklichkeit. Doch in der buddhistischen Philosophie ist unser Leben ein unentwirrbarer Teil unserer physischen Umgebung, in den tiefsten Tiefen vereint mit unseren Mitmenschen und mit der großen kosmischen Urkraft des Universums.

Anhand eines einfachen Beispiels lässt sich die Gültigkeit dieser groß angelegten Idee demonstrieren. Es gehört zum Allgemeinwissen, dass die Schwerkraft der Erde auf alle lebenden Objekte einwirkt.

Nun einmal angenommen, Du wirfst einen Ball in die Luft. Die Flugbahn des Balls wird durch verschiedene Mechanismen beeinflusst, die im Ball selbst wirken – die Dichte des Gummis, die Elastizität und so weiter –, weiterhin durch die Kraft Deines Arms und den Gravitationswiderstand der Erde. Was aber weniger augenscheinlich ist: Der Flug des Balls wird auch durch die kosmischen Objekte im Universum subtil beeinflusst. Nicht nur die Erde, sondern auch Mond, Sonne und Sterne wirken auf den Ball ein. Dieser ferne Einfluss der Himmelskörper ist wie eine Botschaft von den Außenbereichen des Kosmos. Erstaunlich, dass ein Himmelskörper, der Lichtjahre von uns entfernt ist, das Leben hier auf der Erde beeinflusst. Dennoch ist es so.

Ein heimatnäheres Beispiel – nur knapp 150 Millionen Kilometer entfernt – kann dies verdeutlichen: Sollte die Oberflächentemperatur unseres Haussterns, der Sonne, nur um einige Grad steigen, wären die Auswirkungen hier auf der Erde katastrophal, vom Schmelzen des Polareises bis hin zu tödlicher UV-Strahlung, die uns alle in unsere vier Wände zwingen würden.

Unsere sogenannte Außenwelt ist durchzogen von unzähligen unsichtbaren Fäden, die das Individuum mit dem Makrokosmos verbinden. Der Ionengehalt der Luft und selbst die Farbe eines Raums können unsere Gefühlswelt subtil beeinflussen. Unser eigenes Verhalten hat eine unleugbare Auswirkung auf die Menschen um uns herum. Und die Gesellschaft hat eine unleugbare Auswirkung auf unsere natürliche Umwelt.

Wir sind nicht getrennt von der Welt, in der wir leben, sondern befinden uns in einem ständigen dynamischen Austausch mit ihr. Der Buddhismus geht sogar noch weiter. In der Philosophie Shakyamunis, so wie sie Tiantai erläuterte und Nichiren im Japan des 13. Jahrhunderts perfektionierte, sind unsere Umgebung und momentanen Lebensbedingungen ein Spiegel unseres Innenlebens.

Alle drei Denker erkannten, dass die Welt und unsere Wahrnehmung von ihr nicht zu trennen sind. Darin nahmen sie die Erkenntnisse der Physiker aus dem 20. Jahrhundert voraus, die aus der Arbeit von Albert Einstein, Niels Bohr und Werner Heisenberg gewonnen wurden. Wer Du bist, bestimmt die Qualität Deiner Umgebung. Das ist ein Prinzip, das sich nicht so leicht akzeptieren lässt, denn es rüttelt an unserer tief verwurzelten Gewohnheit, andere und anderes für unsere Probleme verantwortlich zu machen. Und sein Leben danach auszurichten fällt besonders schwer, da wir im Westen äußerst erfolgreich damit waren, unsere Umwelt zu vernachlässigen und einen hohen materiellen Wohlstand dadurch zu schaffen, indem wir das Selbst und die Natur als etwas voneinander Getrenntes behandeln.

Im Buddhismus jedoch bedeutet diese Untrennbarkeit von Person und Umgebung eine umfassende Sichtweise auf die Realität. Nichiren schrieb einst an einen Anhänger:

> Die Kernaussage dieser Sutras, die vor dem Lotos-Sutra gepredigt wurden, lautet: Alle Phänomene entspringen dem menschlichen Geist. Das erklären diese Lehren mit dem Beispiel, dass der Geist mit der großen Erde vergleichbar sei, das Gras und die Bäume dagegen mit den Phänomenen. Nicht so das Lotos-Sutra, es lehrt: Der Geist ist selbst die große Erde, und die Erde ist selbst die Gräser und Bäume.[1]

Das bedeutet nicht, das Leben sei ein Traum. Vielmehr behauptet es, dass es keinen grundlegenden Unterschied gibt zwischen Geist und Materie.

Wenn wir diese Erkenntnisse auf den Bereich der zwischenmenschlichen Beziehungen anwenden, gelangen wir zu weiteren Einsichten. So beginnen wir langsam zu erkennen, dass das Leben in unserer unmittelbaren Umgebung wie ein Spiegel unseres Innenlebens funktioniert.

Ganz allgemein gesprochen: Wenn jemand andere Menschen unfreundlich findet, dann ist das oft deshalb so, weil er oder sie diese Reaktion bei den anderen auf irgendeine Weise hervorruft. Und wenn diese Person selbst freundlicher wird, dann werden die Menschen in der unmittelbaren Umgebung dieser Person anders reagieren. Ein ungewöhnlich freundlicher und gutherziger Mensch neigt eher zu der Ansicht, dass die anderen genauso freundlich und gutherzig sind. Ein Mensch, der von Machtgier besessen ist, wird auch die selbstlosesten, wohlwollendsten Taten anderer für listige Züge in einem Machtspiel halten. Wenn wir den Menschen die gleiche tiefe Wertschätzung entgegenbringen wie einem Buddha, wird deren Buddhanatur zu unserem Schutz wirken.

Wenn wir hingegen Menschen gering schätzen oder verachten, werden wir im Gegenzug ebenfalls verachtet. Das funktioniert genauso, als würden wir unser eigenes Antlitz im Spiegel betrachten. Auch wenn wir uns noch so sehr gegen diese Vorstellung sträuben: Ein Lächeln und ein paar freundliche Worte können in vielen Situationen nahezu Wunder bewirken, indem sie Feindseligkeit reduzieren. Es gibt Menschen, die betreten einen Raum und sofort verbreitet sich Leichtigkeit und gute Laune. Dies sind alles Beispiele dafür, was der Buddhismus als das »Prinzip der Einheit von Leben und seiner Umgebung« bezeichnet.

Die Einheit von Leben und Umgebung

Das Prinzip der Einheit von Leben – oder auch Subjekt – und Umgebung verdient eine genauere Untersuchung. Der japanische Begriff für dieses Prinzip lautet *Esho Funi*.

Das erste Wort ist eine Zusammenziehung von zwei Wörtern, nämlich *Eho* – die Umgebung/Umwelt – und *Shoho* – das Subjekt oder Selbst.

Das zweite Wort *Funi* bedeutet »zwei und doch nicht zwei«. Das Leben und seine Umgebung – oder mit anderen Worten – die fühlenden und nicht fühlenden Dinge, werden oft als getrennte Wesenheiten, also »zwei«, angesehen. So erscheinen sie uns und so betrachten wir sie auch. Doch auf einer anderen Ebene sind sie eben »nicht zwei«.

Die naturwissenschaftliche Forschung hat das komplexe Zusammenspiel zwischen lebenden Organismen und ihrer Umgebung immer weiter aufgedeckt. Die Kette von Ursache und Wirkung, die selbst ein absolut simples Phänomen umgibt – wie zum Beispiel ein Regentropfen, der auf Deine Wange fällt –, kann erstaunlich fein gewebt sein. Das Universum steckt voller komplexer Systeme, die sich unserem vollständigen Verständnis entziehen, selbst bei noch so tief gehender Analyse.

Die Funktionsweise unseres Gehirns oder die Entwicklung des Wetters sind augenfällige Beispiele dafür. Der sogenannte Schmetterlingseffekt mag hierzu noch weitere Einsichten vermitteln: Er liefert ein Modell, wie sogar winzigste Handlungen die Ursache für gewaltige Veränderungen sein können. Das Flattern eines Schmetterlingsflügels löst vielleicht ein einziges Blatt im tiefsten südamerikanischen Regenwald. Das Blatt verursacht kaum wahrnehmbare Wellen in einem stillen Teich und bringt so zahlreiche kleine Ereignisse in Gang, die immer weiter an Dynamik gewinnen bis zu dem Punkt, an dem das Ganze eine größere atmosphärische Veränderung in einem entfernten Kontinent auslöst. Hätte derselbe Schmetterling zu einem anderen Zeitpunkt mit den Flügeln geflattert, wäre vielleicht eine ganz andere, aber ähnlich komplexe Sequenz an Ereignissen in Gang gekommen – oder es hätte kaum eine Auswirkung auf irgendetwas gehabt.

Diese Ungewissheit ist der Gegenstand von immer mehr Forschungen. Die »Komplexitätswissenschaften« untersuchen sie auf unterschiedlichsten Gebieten: von dem, was die volatilen Bewegungen an der Börse verursacht, bis hin zu der Frage, wie sich durch die natürliche Auslese das komplexe menschliche Auge entwickelt hat.

Mit etwas Vorstellungsvermögen lässt sich der Schmetterlingseffekt leicht auf den Bereich der zwischenmenschlichen Beziehungen übertragen. Unsere gehobene Augenbraue oder ein kurzes Augenrollen können in einem Meeting – wenn von der falschen Person beobachtet – große Auswirkungen auf unsere Karriere haben. Die subtilste Geste in der Gegenwart des geliebten Menschen, der leiseste Seufzer der Ungeduld oder ein kaum wahrnehmbares Schulterzucken – sie können den Lauf einer Beziehung verändern.

Während die immer ausgeklügelteren Methoden der modernen Wissenschaften die subtilen Zusammenhänge zwischen scheinbar getrennten Ereignissen in der Natur aufdecken und damit die tiefe Verbundenheit aller Dinge miteinander, ändert sich unsere Sicht auf die Welt. Tatsächlich findet das uralte buddhistische Konzept von »zwei und doch nicht zwei« allmählich Akzeptanz in der westlichen Welt. Der verstorbene britische Historiker Arnold Toynbee sagte einmal in einem veröffentlichten Dialog mit Daisaku Ikeda:

> Die geistige Unterscheidung zwischen einem Lebewesen und seiner Umwelt würde, glaube ich, in der Realität-an-sich keine Entsprechung finden, vorausgesetzt, die Realität-an-sich wäre dem menschlichen Verstand begreiflich. (...) *Esho Funi* scheint eine genaue Erklärung dessen zu sein, was vermutlich der »wahre Zustand« ist.
> Der egoistische Versuch eines Lebewesens, das Universum um sich herum zu organisieren, ist die Bedingung für seine Lebenskraft und zugleich dessen Ausdruck. (...) Altruismus – auch Liebe genannt – ist ein Versuch, die natürliche Bemühung eines Lebewesens, das Universum um sich herum zu ordnen, umzukehren. Die Liebe ist ein Gegenversuch des Lebewesens, sich dem Universum hinzugeben, statt es auszubeuten.[2]

Niemand existiert für sich alleine. Wir sind verbunden mit unseren Eltern, die uns empfangen und großgezogen, mit unseren Lehren, die uns ausgebildet, mit unseren Freunden, die uns Mut gemacht haben. Wir sind auch mit Menschen verbunden, denen wir nie begegnet sind: Menschen, die unser Essen ernteten und verfeinerten, die unsere Kleidung herstellten, die Bücher schrieben und damit unser Denken geformt haben – tatsächlich sind wir mit jedem verbunden, dessen Bemühungen dazu beitragen, dass das Gefüge der Gesellschaft zusammenhält. Es gibt keinen Einzigen in dieser Welt, der nicht irgendeine Verbindung zu uns hat.

Der Dramatiker John Guare setzte diese Einsicht in ein Stück um mit dem Titel *Six Degrees of Separation* (dt. Filmtitel *Leben im Sechserpack)*. Dort stellt eine Figur die Theorie auf, dass jeder Mensch mit jedem x-beliebigen Menschen auf diesem Planeten verbunden werden kann, indem man seine Beziehungen über maximal sechs Ecken zurückverfolgt.

Unser »Selbst« umfasst alle anderen Menschen. Auf einer tieferen Ebene betrachtet ist jeder mit jedem verbunden, und zwar schon allein durch die Tatsache, dass wir alle an dieser letztendlichen Wirklichkeit des Lebens teilhaben, der Buddhanatur.

Auch wenn die Innenwelt unseres Selbst und die Außenwelt der Wirklichkeit voneinander getrennt scheinen, so sind sie letztlich nicht zwei, sondern eines – nicht nur eng miteinander verwoben oder voneinander abhängig, sondern nicht trennbar voneinander. Im Buddhismus nennen wir diese Einheit »die wahre Ansicht aller Phänomene«, die letztendliche Wahrheit oder die Buddhanatur.

Nichiren nannte es auch das Mystische Gesetz, dessen Ausdruck er in Nam-Myoho-Renge-Kyo fand. Die Beziehung zwischen dem Selbst und der letztendlichen Wahrheit wird deshalb »mystisch« genannt, weil sie für uns intellektuell nicht fassbar ist. Doch das bedeutet nicht, dass wir über sie nicht nachdenken, diskutieren oder deren Wert in unserem Leben nicht ausloten können. Außerdem: Auch wenn sie mystisch ist, sollten wir die Tatsache nicht aus dem Auge verlieren, dass sie eine Sicht auf Mensch und Kosmos umreißt, die zunehmend von den Wissenschaften bestätigt wird.

Die Befreiung von den Leiden aus Geburt und Tod

Der folgende Auszug stammt aus einem der berühmtesten Briefe Nichirens mit dem Titel *Über die Verwirklichung der Buddhaschaft in diesem Leben*, geschrieben im Jahr 1255, einer Zeit, die im Westen als Mittelalter bezeichnet wird. Lies und frage Dich, ob er nicht viel neuzeitlicher klingt:

> Wenn Sie sich von den Leiden aus Geburt und Tod befreien wollen, die Sie seit der Zeit ohne Anfang erduldet haben, und in diesem Leben unfehlbar die unübertroffene Erleuchtung erreichen wollen, müssen Sie die mystische Wahrheit erkennen, die allen Lebewesen ursprünglich zu eigen ist. Diese Wahrheit ist Myoho-Renge-Kyo. Daher befähigt Sie das Rezitieren von Myoho-Renge-Kyo, die allem Leben innewohnende mystische Wahrheit zu erfassen.
>
> Das Lotos-Sutra ist der König der Sutras; es ist in Wort und Prinzip wahrhaftig und zutreffend. Seine Worte sind die letztendliche Wirklichkeit, und diese Wirklichkeit ist das Mystische Gesetz (Myoho). Es wird Mystisches Gesetz genannt, denn es offenbart das Prinzip, dass ein Lebensmoment und alle Phänomene sich gegenseitig umfassen. Deshalb ist dieses Sutra die Weisheit aller Buddhas.
>
> Das Leben eines jeden Moments umfasst Körper und Geist sowie Selbst und Umgebung aller fühlenden Wesen in den Zehn Welten, ebenso wie alle nichtfühlenden Wesen in den dreitausend Bereichen samt

> Pflanzen, Himmel, Erde und selbst die kleinsten Staubpartikel. Das Leben eines jeden Moments durchdringt das gesamte Reich der Phänomene und offenbart sich in allen Phänomenen.
> Zu diesem Prinzip erwacht zu sein, ist selbst das sich gegenseitige Umfassen von einem einzigen Lebensmoment und allen Phänomenen. Und dennoch: Wenn Sie Myoho-Renge-Kyo rezitieren und daran glauben, aber das Gesetz außerhalb Ihrer selbst wähnen, dann nehmen Sie nicht das Mystische Gesetz an, sondern eine unterlegene Lehre. (…) Wenn Sie daher (…) rezitieren, müssen Sie den tiefen Glauben aufbringen, dass Myoho-Renge-Kyo* Ihr eigenes Leben ist.[3]

Befreiung von den Leiden aus Geburt und Tod – das bedeutete für Nichiren, die Gesetzmäßigkeiten von Verfall und Niedergang zu überschreiten, die weiter oben als Theorie der Substanzlosigkeit bezeichnet wurden. Nichts hält ewig. Die Festigkeit, die Substanz des Lebens, sie ist eine Illusion.

Die Teilchenphysik lehrt uns, dass wir auf der subatomaren Ebene nicht mehr von fester Materie sprechen können, sondern nur noch von Energieflüssen und Wellenmustern, die sich ständig verändern. Die Physiker sagen uns, dass Materie nicht einfach nur aus Atomen und ihren scheinbar einzelnen Elektronen, Protonen und Neutronen besteht, sondern auch aus noch kleineren, noch geheimnisvolleren umherflitzenden Partikeln und Energien namens Leptonen, Quarks, Bosonen, schwachen Kräften und dunklen Kräften.

---

*Nichiren lässt hier die Silbe Nam aus, die »ich widme mich« bedeutet, um sich klarer auf den Titel des Lotos-Sutra – Myoho-Renge-Kyo – zu beziehen. Der Brief jedoch schließt mit dem Satz Nam-Myoho-Renge-Kyo, zweimal geschrieben, um klarzustellen, dass dies die korrekte Rezitation ist.

Die Welt der Quantenmechanik ist so instabil und flüchtig, dass die Physiker Mühe damit haben, die Grundbauteile zu ermitteln – egal, wie sehr sie sich anstrengen. Was es dafür nämlich braucht, ist ein fester Bezugspunkt, und genau den will die Wirklichkeit auf der subatomaren Ebene nicht liefern. Der Wissenschaftsphilosoph Jacob Bronowski schrieb in seinem Werk *Der Aufstieg des Menschen*:

Unter Professoren sagte man scherzhaft, das Elektron verhalte sich montags, mittwochs und freitags wie ein Teilchen, dienstags, donnerstags und samstags wie eine Welle. Wie konnte man diese beiden Betrachtungsweisen miteinander in Übereinstimmung bringen, die aus dem Riesenmaßstab der Alltagswelt kamen und dann in eine einzige kleine Einheit gedrängt wurden, in diese Lilliputwelt des Atominneren?[4]

Und nun kommen wir wieder zurück zu Nichiren, er schreibt: »Sie müssen den tiefen Glauben aufbringen, dass Nam-Myoho-Renge-Kyo Ihr eigenes Leben ist.«

Ihr eigenes Leben kann man interpretieren als all das, woraus wir gemacht sind – die »Wellen« zwischen den Teilchen, die Schwingung, die diese Teilchen charakterisiert, die Energie, die zwischen ihnen vorhanden ist, und die Teilchen selbst, so wie sie sind. Nichiren liefert uns also nicht nur eine wunderbare Einsicht in das, was wir beim Chanten denken können, er sagt zudem, dass der Klang, den wir während des Chantens von Nam-Myoho-Renge-Kyo produzieren, in Wahrheit der Rhythmus des Universums ist. Wenn wir chanten, dann schwingen wir im Rhythmus dieses universalen Klangs, einer Grundharmonie, die alle Dinge durchdringt.

Wie wir gesehen haben, lehrt der Buddhismus genau wie die Physik, dass alles sich in ständigem Fluss befindet. Doch verfolgt er dabei ein anderes Ziel: Der Buddhismus will weniger das Wesen der physischen Welt erkunden – das macht er eher nebenbei –, sondern vielmehr die Situation des Menschen erleuchten. Für Nichiren bedeutete »Freiheit« keine Flucht aus dem Reich der ständig wechselnden Phänomene, sondern die Entdeckung eines absoluten, festen Bezugspunktes in uns selbst. Die Buddhaweisheit, die wir in uns manifestieren und mit der wir die wahre Natur aller Phänomene und unsere Beziehung zu ihnen erfassen, befreit uns von den Fesseln des Karmas.

Weil das Individuum und seine Umgebung im Grunde eins sind, überträgt sich jeder Lebenszustand, den wir manifestieren, gleichzeitig auf die Umgebung. Dies hatte Nichiren gemeint, als er schrieb: »Anschaulich gesprochen ist die Umgebung wie der Schatten und das Leben wie der Körper. Ohne den Körper gibt es keinen Schatten und ohne Leben keine Umgebung.«

Wenn der Körper unsicher ist, dann ist es die Umgebung auch. Wenn der Körper Respekt zeigt, dann tut es die Umgebung im Gegenzug auch. Ein Mensch, dessen vorrangige Lebenstendenz von Hass und Feindseligkeit geprägt ist, wird in seiner Umgebung Angst und Elend auslösen.

Jemand im Lebenszustand der Buddhaschaft hingegen wird von der Welt Schutz und Unterstützung erhalten. Als Nichiren sagte, man solle »das Gesetz nicht außerhalb seiner selbst wähnen«, meinte er, man solle die Ursache und die Lösung seiner Leiden nicht draußen in seinem Umfeld suchen. Das ständige Vergleichen mit anderen, egal ob wir dabei positiv oder negativ abschneiden, oder der Anspruch, die anderen sollten uns glücklich machen, oder die Vorstellung, wir könnten nicht glücklich sein, wenn sich eine bestimmte Person nicht ändert, oder wir müssten mehr auf dem Konto haben, um uns ein besseres Selbstwertgefühl zu haben – all das sind Beispiele dafür, das Gesetz außerhalb unserer selbst zu wähnen.

Ebenso wie die frühamerikanische transzendentale Philosophie von Emerson und Thoreau hat auch der Buddhismus die Eigenständigkeit und Selbstverantwortung als Kernwerte.

Die Kraft, die beim Übernehmen von Verantwortung entsteht

Wenn unsere Umgebung tatsächlich unser eigenes Leben widerspiegelt (was es tut), ist dann alles unsere Schuld? Und liegt dann die Schuld immer beim Opfer?

Tatsache ist, wie der Buddhismus feststellt, dass Probleme allgegenwärtig und normal sind. Am Leben zu sein, das bedeutet, Probleme zu haben: Das Problem, uns zu ernähren, wenn uns der Hunger quält, das Problem, sicher in einer gewalttätigen Gesellschaft zu bestehen, das Problem, Kinder so großzuziehen, dass sie glücklich und erfüllt leben können, und viele, viele weitere Probleme. Solche Probleme sind nicht unsere Schuld, sind nicht unser Fehler, sie sind einfach Teil dessen, was es bedeutet, am Leben zu sein.

Wir sind zwar nicht verantwortlich für das Verhalten der anderen – das sind die Betreffenden schon selbst –, wohl aber für unser eigenes Verhalten. Das bedeutet auch, Verantwortung für die Situation zu übernehmen, in der wir uns gerade befinden, und zwar unabhängig davon, wie schwierig oder willkürlich sie scheinen mag.

Es mag anfangs nicht klar sein, welche Ursachen dazu geführt haben, dass man arm, schwerhörig oder unglaublich schüchtern ist. Doch der Buddhismus erklärt: Angesichts der Ewigkeit des Lebens und der ungezählten guten und schlechten Ursachen, die wir einst und immer wieder setzten, haben wir tatsächlich auch die Weichen dafür gestellt, dass wir uns jetzt als genau dieser Mensch in dieser Situation wiederfinden. Sie ist ganz und gar das Ergebnis unser eigenen Handlungen, die wir in all den Lebenszeiten begangen hatten. Wir alle sind letztlich verantwortlich für alles, was mit unserem Leben zu tun hat.

Wir sind tatsächlich die Architekten unserer eigenen Existenz und die Welt um uns herum spiegelt exakt wider, was wir konstruiert und erschaffen haben. Der Buddhismus führt zu einem radikalen Verantwortungsgefühl und gibt dem Einzelnen die Kraft, Veränderungen zu bewirken. Wenn wir in einer unglücklichen Lebenssituation sind, haben wir die Fähigkeit, sie zum Besseren zu verändern.

Die Idee der Selbstverantwortung ist in der amerikanischen Gesellschaft recht populär geworden, vielleicht gerade, weil so viele von uns, besonders die im öffentlichen Leben, sich eher davor drückten. Doch ist die Art der Verantwortung, über die wir hier sprechen, sagen wir, extrem. Die buddhistische Sicht auf das Leben verlangt von uns, 100 Prozent Verantwortung für unser Leben zu übernehmen.

Es mag schwierig sein, dafür verantwortlich gemacht zu werden, einen schrecklichen Chef zu haben. Doch hast nicht Du Dir diese Stelle ausgesucht und hast nicht Du Dich die ganze Zeit über entschieden, in dieser Firma zu bleiben? Du hast aus Deinem Chef keinen schlechten Chef gemacht. Es ist nicht Deine Schuld, dass Dein Chef eine Katastrophe ist. Wohl aber bist Du dafür verantwortlich, dort zu arbeiten und zu bleiben.

Zudem haben die meisten Chefs, egal wie anstrengend und arrogant sie sein mögen, immer einen festen Kreis von Lieblingen, die ihren Job machen und ganz gut mit ihm zurechtkommen. Warum gehörst Du nicht dazu? Hast Du Dich dagegen entschieden, vielleicht aus Hochmut oder einer anderen Überlegung heraus?

Was immer der Grund sein mag, es war Deine Entscheidung. Je grundlicher wir unter Verwendung des buddhistischen Auges der Klarheit und Weisheit eine beliebige Lebenssituation untersuchen, desto mehr werden wir erkennen, dass wir tatsächlich für alle unsere Entscheidungen verantwortlich sind und folglich auch für all die Erfahrungen mit unserer Umgebung – für alle guten wie für alle schlechten.

Doch vielleicht denkst Du immer noch, dass diese Argumentation total abwegig ist. Wie kann ein Einzelner für ein Erdbeben verantwortlich gemacht werden? Oder für einen Flugzeugabsturz?

Es ist wahr: Solche Denkweisen finden sich außerhalb der buddhistischen Welt eher selten, doch es gibt sie manchmal. Ein Beispiel ist der Oscar-prämierte Film *Rain Man*. Die Hauptfigur, gespielt von Dustin Hoffman, ist der vor sich hin murmelnde, schlurfende Raymond (»Rain Main« deshalb, weil sein kleiner Bruder seinen Namen nicht richtig aussprechen konnte).

Raymond alias Rain Man ist hochgradig autistisch und hat die meiste Zeit seines Lebens in geschlossenen Einrichtungen verbracht. Er hat jedoch eine verblüffende mathematische Begabung. Als sein jüngerer Bruder Charlie, gespielt von Tom Cruise, ihn unter Zeitdruck nach Kalifornien bringen muss, beginnen die Schwierigkeiten:

Sie sind in einem Flughafen und Charlie versucht, einen Flug nach Los Angeles zu buchen. Nachdem er einen Flug mit der American Airlines ausgesucht hat, lehnt Raymond ab. Warum? Weil American Airlines in den letzten Jahrzehnten eine Reihe tödlicher Flugzeugunglücke zu verbuchen hatte. Charlie schlägt also Continental Airlines vor, wieder gräbt Raymond in seinem Gedächtnis und rattert eine Reihe von

Zahlen von Passagieren herunter, die mit der Continental ums Leben kamen oder verletzt wurden. Schließlich wirft Charlie frustriert die Hände in die Höhe und fragt, mit welcher Airline er den fliegen wolle. Die Antwort kommt prompt: »Qantas.«

Qantas, die staatliche australische Fluglinie, war noch nie in ein tödliches Flugzeugunglück verwickelt. Dummerweise fliegt Qantas keine Inlandsflüge in den Vereinigten Staaten. Am Ende mieten sie ein Auto.

Unter der absurden Komik dieser Szene liegt eine kraftvolle Aussage: Wenn Du fliegst, musst Du die Verantwortung für das Risiko übernehmen, dass das Flugzeug abstürzt, so klein dieses Risiko auch ist. Jeder, der mit einer kommerziellen Fluggesellschaft unterwegs ist, geht ein gewisses Risiko ein. Dieses ist zwar minimal und statistisch gesehen viel geringer als das Risiko beim Autofahren. Aber das Risiko ist da. Der Buddhismus gibt Dir nicht die Schuld daran, an Bord eines abstürzenden Flugzeugs zu sein. Doch er verlangt von Dir, die Verantwortung dafür zu übernehmen. Schließlich war es Deine Entscheidung, diesen Flug zu nehmen, dieses Flugzeug zu besteigen oder überhaupt zu fliegen.

Sicher kann man niemandem die Schuld geben, in ein Erdbeben zu geraten. Doch auch hier gibt es einige vernünftige Fragen: Warst Du Dir der seismischen Vorgeschichte dieses Ortes bewusst, an dem Du lebtest, sei es dauerhaft oder nur auf Besuch? Die Menschen, die in der Nähe des San-Andreas-Grabens leben – die Einwohner von San Francisco und Los Angeles zum Beispiel –, sollten sich ihrer Verantwortung bewusst sein, dass sie sich in einer der instabilsten Regionen dieses Planeten niederlassen, ebenso wie die Menschen, die ihr Haus in notorischen Flutgebieten bauen, mit dem Überschwemmungsrisiko leben müssen.

Es gibt, laut Buddhismus, weder bloße Unfälle noch Zufälle im Leben. Es gibt nur das eherne Gesetz von Ursache und Wirkung – oder noch genauer, von Nam-Myoho-Renge-Kyo. Wenn Du diese buddhistische Sicht annimmst, wenn Du dieses Gesetz tief in Deinem Leben verinnerlichst, dann gewinnst Du eine ungeheure Macht über Dein Leben und über Deine Beziehungen zur Außenwelt.

Das Objekt für die Verwirklichung der Buddhaschaft

Jetzt mag mit gutem Recht die Frage auftauchen: All diese Theorie, schön und gut, doch wie soll ich sie auf meinen Lebensalltag übertragen?

Ganz sicher genügt es nicht, ab und zu einen anderen Blick auf die Welt zu werfen oder eine kühle, intellektuelle Entscheidung zu treffen, dass die Einheit von Subjekt und Umgebung die richtige Denkweise sei. In dem Buddhismus, von dem hier die Rede ist, führt »richtiges Denken« ohne entsprechende Praxis letztlich nur zu Idealismus. Und der verändert nichts. Auch wenn die Theorie hinter dem Chanten von Nam-Myoho-Renge-Kyo tief greift, so ist die Praxis doch glücklicherweise leicht.

Ob Du nun die Bedeutung von Nam-Myoho-Renge-Kyo kennst oder nicht, ob Du verstehst, was die »Beziehung des gegenseitigen Enthaltenseins von Leben und allen Phänomenen« bedeutet, oder ob Du einen anderen der im Buch erwähnten Begriffe erklären kannst – Du kannst dennoch großen Nutzen durch das Chanten dieses einzigen Satzes erzielen, genau wie Du Deinen PC per Knopfdruck startest, ohne wirklich zu wissen, wie er funktioniert.

Das Ziel der buddhistischen Ausübung ist nicht, die Wahrheit zu »verstehen« als ein von uns getrenntes Objekt, sondern mit der Wahrheit eins zu werden. In der buddhistischen Terminologie spricht man hier von der Verschmelzung von (objektiver) Wirklichkeit und (subjektiver) Weisheit.

Wie bereits erklärt, zielt die traditionelle buddhistische Meditation darauf ab, die Subjekt-Objekt-Trennlinie zu überbrücken und die vollkommene Einheit von Selbst und Außenwelt herzustellen. Nichiren schrieb zu diesem Prinzip:

> Bedeuten dieses Sutra und der Kommentar nicht, dass der Weg zur Buddhaschaft in den zwei Elementen Wirklichkeit und Weisheit liegt? Wirklichkeit meint die wahre Natur aller Phänomene, und Weisheit bedeutet, diese wahre Natur zu erhellen und zu manifestieren. Wenn also das Flussbett der Wirklichkeit unendlich breit und tief ist, wird das Wasser der Weisheit darin unaufhörlich fließen. Wenn Wirklichkeit und Weisheit verschmelzen, verwirklicht man die Buddhaschaft in seiner jetzigen Gestalt.[5]

Der Buddha erkennt die vollkommene Übereinstimmung von Selbst und Gesetz, der letztendlichen Wirklichkeit also. Das klingt nach Basiswissen, besonders wenn man intellektuell bereits an die wesentliche Einheit von Mensch und Universum glaubt. Schließlich sind wir doch alle Buddhas, oder?

Doch die Tatsache, dass wir alle die Buddhanatur in uns tragen, bedeutet nicht automatisch, dass wir tatsächlich Buddhas sind. Wir erwachen nur dann zu dieser Buddhanatur, wenn unsere subjektive Weisheit vollständig mit der objektiven Wirklichkeit verschmilzt. Um dies für alle möglich zu machen, verkörperte Nichiren seine eigene Erleuchtung in einem Objekt der Widmung: dem Gohonzon. Dabei handelt es sich um eine Schriftrolle, auf der unter anderem die Worte Nam-Myoho-Renge-Kyo geschrieben stehen, in schwungvollen Schriftzeichen in der Mitte von oben nach unten.

Heute entspricht der Gohonzon dem Objekt, während unsere Ausübung vor dem Gohonzon dem Subjekt, der subjektiven Weisheit entspricht. Wenn wir Nam-Myoho-Renge-Kyo zum Gohonzon chanten, löst sich der Subjekt-Objekt-Gegensatz auf und wir können mit dem Makrokosmos verschmelzen. In diesem Augenblick manifestieren wir den Zustand der Buddhaschaft.

Wie wird diese Verschmelzung bewerkstelligt? Der Begriff *Nam* in Nam-Myoho-Renge-Kyo bedeutet »Widmung« (oder auch unsere Ausübung des Chantens zum Gohonzon).

Durch unsere tägliche Ausübung widmen wir unser Leben der letztendlichen, unveränderlichen Realität, die der Gohonzon verkörpert – und verschmelzen unser Leben damit. Gleichzeitig bringen wir, als Ergebnis dieser Anstrengung, eine unbegrenzte Weisheit hervor, die im Einklang mit unseren ständig wechselnden Lebenssituationen funktioniert. Diese Weisheit ist es, durch die wir Menschen eine grenzenlose Freude und Freiheit erleben können – trotz aller Unsicherheiten in unserem Leben.

Nachdem Du gechantet hast, kann es sein, dass Du an Menschen völlig neue Dinge bemerkst. Verworrene Beziehungen erscheinen Dir klarer, vielleicht zum ersten Mal überhaupt. Wenn Du ins Büro gehst, rücken auf einmal die Machtspiele und Hinterzimmer-Intrigen in den Fokus. Plötzlich erkennst Du, dass sich unter all dem Gehabe und Willkürverhalten Deines Chefs ein unsicherer Mensch verbirgt, der gemocht werden will. Auch zu Hause lösen sich lange aufgestaute emotionale Blockaden und führen zu geschmeidigen neuen Einsichten.

All diese subtilen neuen Wahrnehmungen rühren von einem neuen Blick auf die Welt, vom Sehen mit dem Auge der Weisheit. Der Graben, der normalerweise zwischen objektiver Wirklichkeit und Deiner subjektiven Weisheit besteht, wurde nun überbrückt. Die meisten Probleme im Leben stammen aus dieser Diskrepanz zwischen der Wirklichkeit und unserem subjektiven Bewerten derselben. Nun aber, vielleicht zum ersten Mal seit Langem, kannst Du diese Weisheit nutzen, diesen unglaublichen Vogelblick auf komplexe Situationen, die zu den mitfühlenden Taten führen, die es für die Lösung von Problemen braucht.

Die Ausübung für sich selbst und andere

Da unser Leben vom Leben des Universums nicht trennbar ist und wir als Individuen mit jedem anderen auf diesem Planeten verbunden sind, müssen wir auch Verantwortung für das Glück unserer geliebten Menschen und Freunde übernehmen.

Wenn das Haus Deines Nachbarn brennt, kannst Du Dich dann in Sicherheit wiegen? Aus dieser Erkenntnis ist das entstanden, was der Buddhismus den Weg des Bodhisattva nennt. Ein Bodhisattva ist jemand, der nach der Erleuchtung strebt, gleichzeitig aber anderen dabei hilft, dasselbe Ziel zu erreichen. Auf praktischer Ebene bedeutet das: Der Einsatz für das Wohl der anderen verändert das eigene Karma weit effektiver als alle Bemühungen, die nur auf reine Selbstverbesserung abzielen.

Die Ausübung für andere mag bedeuten, über unsere eigenen Erfahrungen zu sprechen, emotionale oder moralische Unterstützung zu leisten, Hoffnung zu geben und letztlich anderen dabei zu helfen, den Buddhismus auszuüben. Ja, der Buddhismus ist äußerst individualistisch und basiert hauptsächlich auf der eigenen Bemühung des Chantens. Doch wenn nur Selbstverbesserung das Ziel ist, wird jede erlebte Wahrheit nur eine Teilwahrheit sein.

Das ist ein Paradox im Buddhismus. Auf der einen Seite sagen wir, die Hauptausübung für das eigene Wachstum sei das eigene Chanten vor dem Gohonzon. Andererseits erfährt das eigene Selbst aber keinen wirklich grundlegenden Wandel, wenn wir uns den anderen nicht zuwenden.

Robert Thurman, Autor und Professor an der Columbia University, führte einmal einen ganzen Workshop auf der Grundlage eines einfachen Gebots durch, das der indische Mönch Shantideva im achten Jahrhundert für die Nachwelt festgehalten hat: »Alles Glück der Welt kommt vom Denken an andere; alles Leid der Welt kommt vom ausschließlichen Denken an sich selbst.«

Indem Du Dich der Probleme anderer annimmst, schrumpfen Deine eigenen Probleme – sowohl in der Sichtweise, weil Du vielleicht erkennst, dass andere weit größere Hindernisse haben als Du, als auch in der Wirklichkeit, weil Du aufgehört hast, Dich nur auf Deine eigenen Schwierigkeiten zu konzentrieren, wodurch sie ihre Macht über Dich verlieren.

Ein Tropfen Tinte in einem Glas Wasser wird das Wasser blau färben. Derselbe Tropfen im Ozean wird jedoch völlig verschwinden. Genauso können wir in die Kämpfe unserer Mitmenschen eintauchen und dabei unsere natürliche Fähigkeit des Mitgefühls immer weiter entwickeln, also das, was der Buddhismus unsere Bodhisattva-Natur nennt.

Dadurch gewinnen wir die Weisheit und die Lebenskraft, um unsere eigenen Probleme zu überwinden.

In jedem Augenblick unseres Lebens schlagen wir eine Schlacht zwischen unserer Buddhanatur und dem Wirken der Illusion. Wenn wir Nam-Myoho-Renge-Kyo chanten und anderen eine Hand reichen, können wir unsere Buddhanatur anzapfen und unsere tief sitzenden Selbsttäuschungen durchschauen.

Dieses Prinzip lässt sich auch auf die Gesellschaft als Ganzes übertragen: Wenn sich die humanistischen Ideale des Buddhismus verbreiten, wird die Gesellschaft in jeder Hinsicht humaner. Gemäß dem Prinzip der Einheit von Selbst und Umgebung, spiegelt die Umgebung alles Positive und Negative wider. Von der Geißel des Krieges bis zur anhaltenden Bedrohung des globalen Ökosystems: Echte dauerhafte Veränderung hängt davon ab, wie sehr es uns gelingt, die erleuchtete Natur von zahllosen einzelnen Menschen hervorzubringen.

Wenn wir die Philosophie, die der Buddhismus anbietet, in unserem eigenen Leben und in der Gesellschaft verankern, sind wir auf einem wirksamen Weg, Frieden und Harmonie in der Welt zu schaffen.

ooo

4 Glück

Folgende Wahrheiten erachten wir
als selbstverständlich:
dass alle Menschen gleich geschaffen sind;
dass sie von ihrem Schöpfer mit
gewissen unveräußerlichen Rechten
ausgestattet sind;
dass dazu Leben, Freiheit
und das Streben
nach Glück gehören.
– Thomas Jefferson
(aus der Unabhängigkeitserklärung
der USA)

Die meisten Menschen sind
in etwa so glücklich,
wie sie es sich selbst
vorgenommen haben.
– Abraham Lincoln

Der Buddhismus lehrt, dass Glück der Sinn und Zweck des Lebens ist. Doch dieses Glück stellt sich ohne eigene Anstrengung nicht ein.

Da sich ständig neue Probleme in unseren Lebensweg stellen, erkennen viele dieses tiefste und wichtigste Lebensziel niemals vollständig, außer vielleicht in kurzen Momenten. Oft ist unser Glückserlebnis so flüchtig, dass wir uns wie besessen an »die guten Zeiten« klammern und uns ansonsten rastlos und unzufrieden fühlen.

»Als wir jung waren, da waren wir glücklich«, hört man oft, auch wenn wir damals in Wirklichkeit ängstlich, krampfhaft schüchtern, voller Akne und anderer Probleme waren. Oder: »Dieser Urlaub, das war die glücklichste Zeit« – obwohl wir damals in Wahrheit von Langeweile und Sonnenbrand geplagt wurden. Oder: »Als ich noch mit Manuela zusammen war, da war ich glücklich« – obwohl es genug Gründe für Dich gab, Manuela zu verlassen, oder für Manuela, Dich zu verlassen. Und so weiter. Immer wieder. Irgendetwas Gutes passierte, dann veränderte sich etwas und mit dieser Veränderung schwand auch das Glück dahin.

Durch eine richtige buddhistische Ausübung lassen sich die grundlegenden Ursachen dafür schaffen, die zu unzerstörbarem Glück führen. Die Lehren des Buddhismus lüften das »Geheimnis«, wie man das Leben voll und ganz genießen kann, wie man nicht nur nach Glück »strebt«, sondern es auch einfängt, es sich bewahrt, genau hier, genau jetzt und genau so, wie Du gerade bist. Doch zuerst bedarf es der Klarheit darüber, was genau mit diesem Glück gemeint ist, sodass wir genau wissen, wonach wir eigentlich suchen.

Seit Jefferson, dem Urvater der amerikanischen Verfassung, waren die Amerikaner überzeugt von ihrem Grundrecht auf das »Streben nach Glück«. Verglichen mit anderen Dingen, die Menschen für sich erhoffen – Gesundheit, Wohlstand, Erfolg, Bedeutsamkeit –, liegt Glück bei den meisten ganz vorne. Zusammen mit dem Recht auf Leben und Freiheit, ohne die es Glück kaum geben kann, gehört es zum Fundament des American Way of Life.

Es sei aber darauf hingewiesen, dass Jeffersons berühmtes *Streben nach Glück* von vielen Gelehrten als Recht auf freies Unternehmertum gedeutet wird, das heißt als Möglichkeit des Einzelnen, sein eigenes wirtschaftliches Schicksal gestalten zu dürfen, ohne Einmischung ausländischer Mächte und ohne übermäßige Zwangsabgaben. Es war Teil der damals neuen Weltsicht, die da lautete: Wenn Menschen in Freiheit ihre wirtschaftlichen Ziele verfolgen dürfen, was ihnen bislang von den europäischen Kolonialmächten verwehrt blieb, dann würden diese neuen freien Verhältnisse Glück schaffen.

Heute, mitten in einem materiellen Wohlstand, von dem man zu Jeffersons Zeiten nicht einmal träumen konnte, wissen wir: Diese Definition von Glück ist unvollständig. Viele Kapitalisten und Erschaffer großen persönlichen Reichtums sind nicht notwendigerweise glückliche Menschen.

Nichtsdestotrotz sind Leben, Freiheit und das »Kaufen von Glück« zu den neuen amerikanischen Idealen aufgestiegen. Es ist unbestritten ein Genuss, sich die Spielzeuge zu kaufen, von denen wir glauben, dass sie uns glücklich machen, doch ebenso unbestritten ist, dass der Genuss nicht lange anhält. Die Freude am neuen Auto weicht schnell angesichts der ständigen Raten und Haltungskosten. Coole Klamotten nutzen sich ab und sind schon bald nicht mehr so cool. Um die Freude des vorigen Einkaufs wieder zu spüren, müssen wir noch mehr kaufen, immer wieder. Kein Wunder, dass der Glaube, mit mehr Geld wären wir glücklicher, mittlerweile Allgemeingut geworden ist.

Glücksmythen

In Amerika und anderswo herrscht die Meinung vor, dass neben Reichtum auch noch Berühmtheit, Erfolg, Jugendlichkeit und Schönheit zum Glück gehören. Sind schließlich nicht die Jungen, Reichen, Berühmten und Schönen glücklichere Menschen? Und ist nicht der, der das meiste Spielzeug sammelt, der Gewinner im Spiel des Lebens?

Psychologen und zahlreiche Forschungsgruppen, die bis dato lieber die Ursachen des Unglücklichseins – Depression, Stress, Kummer – erforscht hatten, wenden sich allmählich dem Erkunden dessen zu, was eigentlich glücklich macht.

Deren Erkenntnis lautet bislang: Glück ist nicht das, was die meisten Menschen dafür halten.

Erstaunlicherweise mussten sie immer wieder feststellen, dass Unterschiede zwischen Personen (Geld, Alter, Geschlecht, Gesundheit, Ethnie, Bildung, Job oder geografische Herkunft), die wir für wesentliche Glücksindikatoren halten, tatsächlich nur einen minimalen Einfluss auf die allgemeine Lebenszufriedenheit haben.

Was das Problem noch gravierender macht, ist die Neigung, uns anhand dieser illusionären Maßstäbe ständig mit anderen zu vergleichen, was die ruhelose Unzufriedenheit verstärkt und so den Treibstoff fürs Unglücklichsein liefert. Wir wollen mit den anderen mithalten können, weil sie uns glücklicher erscheinen, als wir es sind. Meistens stellt sich heraus, dass sie es im Hinblick auf die gewöhnlichen Vergleichsbereiche vermutlich nicht sind.

Das Problem aber ist: Wir glauben, dass sie es sind. Aus dieser Fehlwahrnehmung entsteht echtes Unglück dort, wo es vorher nicht war. Die Werbung nutzt unsere Bereitschaft aus, sich mit anderen zu vergleichen, indem sie Bilder liefert von anderen, die es scheinbar besser haben und daher wohl glücklicher sind als wir. Diese Bilderflut von Menschen mit ihren schicken neuen Spielzeugen, extravaganten Lifestyles, wunderbaren Körpern, superharmonischen Familien und so weiter weckt unseren Neid, erweitert das Feld des Sich-Vergleichens und stimuliert unseren Appetit auf das, was die anderen haben. Dieses industriell gefertigte Unglück fungiert als Antreiber, um den »fehlenden« Bestandteil von unserem Glück zu erwerben.

Ebenso weit verbreitet ist der Glaube, wir wären glücklicher, wenn wir weniger Probleme hätten. Oder wir wären endlich glücklich, wenn das momentan nagende Problem sich lösen würde. Doch so läuft es nie. Das Problem von heute mag verschwinden, doch dann tun sich neue Probleme auf, immer wieder, ohne Ende. Manchmal haben wir nicht einmal Gelegenheit zum Durchatmen, bevor neue Herausforderungen an die Tür pochen. Diese Denkweise setzt Probleme mit Unglück gleich. Ist es denn überhaupt möglich, über einen beträchtlich langen Zeitraum ein problemfreies Leben zu führen? Der Buddhismus sagt: Nein.

Dauerhaftes – oder nachhaltiges – Glück ist nicht gleichbedeutend mit der Abwesenheit von Problemen. Nichiren schreibt dazu: »Auch wenn weltliche Probleme auftreten, lassen Sie sich keinesfalls davon beunruhigen. Niemand kann Schwierigkeiten vermeiden, nicht einmal Heilige oder Weise.«[1] Jeder Mensch hat Probleme. Trotzdem kennen wir alle Menschen mit riesigen Problemen, die glücklich, und

Menschen, die jeden Vorteil der Welt haben, die unglücklich sind.

Der Buddhismus beschreibt das Leben als eine Anhäufung von Leiden, die innerhalb des ewigen Zyklus von Geburt, Alter, Krankheit und Tod auftreten. Natürlich gibt es auch andere Arten von Leid, den Verlust eines geliebten Menschen zum Beispiel oder Depression, Kündigung, Armut in einer reichen Gesellschaft, Rassismus – sie alle tragen zum Leid und zur Lebensangst bei.

Der Buddhismus erkennt auf der allertiefsten Ebene an, dass das Leben voller Probleme ist. Diese existenzialistische Sicht sickert allmählich auch in die westliche Alltagskultur ein. »Das Leben ist schwierig.« Mit diesen Worten eröffnet M. Scott Pecks sein Werk *Der wunderbare Weg* – eines der populärsten Selbsthilfebücher, das je geschrieben wurde. »Dies ist eine große, ja eine der größten Wahrheiten«, schreibt Peck und in einer Fußnote erklärt er, dies sei die erste der Vier Edlen Wahrheiten, die der Buddha lehrte.

Zu verstehen, dass das Leben »Schwierigkeit« bedeutet, befreit uns, denn es hilft uns zu begreifen, dass Probleme und Leiden ganz natürliche Bestandteile des Lebens sind – und keine Anzeichen für unsere Unfähigkeit. Es gibt das Sprichwort: »Ein kleines Herz gewöhnt sich an das Elend und wird gefügig, während sich ein großes Herz über jedes Unglück erhebt.« Aus buddhistischer Sicht besteht angesichts der Tatsache, dass das Leben voller Probleme steckt, kein Grund, darüber depressiv oder mutlos zu werden und sich in ein elendes Schicksal zu fügen. Der Buddhismus ist kein Stoizismus.
Der Buddhismus entdeckt das Glück vielmehr inmitten aller Probleme und nicht in deren Abwesenheit.

Die Ursache für das Unglücklichsein von so vielen Menschen ist meistens Illusion, eine verzerrte Sicht auf das

Leben. Sie glauben an die vorherrschenden Mythen, die unsere Kultur über das Glück verbreitet.

Nichiren erklärte, der einzige Unterschied zwischen einem Buddha – also jemandem, der das wahre Glück erlangt hat – und einem Normalsterblichen, der es nicht hat, sei folgender: Der Normalsterbliche lebe in Illusionen, der Buddha hingegen sei erleuchtet. Einfach ausgedrückt heißt das: Die Menschen verstehen nicht die wahre Natur des Glücks. Das hat zur Folge, dass sie es oft nicht finden können, weil sie an den falschen Stellen danach suchen.

Um unsere Glückserwartungen zu erfüllen, bedarf es mehr als nur Anstrengung. Wir müssen erst einmal wissen, was Glück überhaupt ist, was es nicht ist, und – ganz wichtig – eine praktikable Methode haben. Nichiren schuf eine klare Ausübung, mit der uns der Aufbau von dauerhaftem, unzerstörbarem Glück gelingt.

Relatives und absolutes Glück

Im Mahayana-Buddhismus, so wie Nichiren ihn lehrt, gibt es zwei Arten von Glück: relatives (vorübergehendes) und absolutes (dauerhaftes).

Relatives Glück ist das Gefühl von Befriedigung, Belohnung oder Freude, das sich einstellt, wenn wir ein Ziel erreicht haben oder unsere Bedürfnisse erfüllt sehen. Wegen der vorübergehenden Natur dessen, was wir erreicht oder bekommen haben, wird diese Art von Glück normalerweise mit der Zeit dahinwelken. Wenn wir grundsätzlich unglückliche Menschen sind, bleiben wir auch so, oft sogar werden wir noch verzweifelter als je zuvor, nachdem wir irgendetwas Freudvolles erlebt haben, weil uns dessen Fehlen umso schmerzhafter bewusst wird.

Wenn Du zum Beispiel glücklich verheiratet warst, kann Dich der Tod Deines Partners tief ins Elend stürzen. Auch gibt es viele, die einsam, arm und verlassen in ihr Lebensende eintreten, obwohl sie zuvor ein gewisses Maß an Ruhm und Beliebtheit erreicht hatten.

Weder Wohlstand noch Status, Ruhm oder Schönheit können uns ein glückliches Leben garantieren – weil das Glück, das sich auf diese Dinge gründet, eben relatives Glück ist. Es ist abhängig von Umständen und der Zeit. Wer versucht, ein glückliches Leben auf dem Fundament von Wohlstand, Status, Ruhm oder Schönheit aufzubauen, wird früher oder später unweigerlich auf Unzufriedenheit, Verlust und Unglück stoßen.

Der Buddhismus hingegen steht für ein Glück, das absolut und dauerhaft ist. Absolutes Glück ist ein Lebenszustand, in dem wir unter allen Umständen unsere Freude am Dasein genießen können. Dieser Zustand des absoluten Glücks ist gleichbedeutend mit der Buddhaschaft.

Wir werden in dieses Leben geboren, um glücklich zu sein, und nicht nur, um Leid zu ertragen. Das ist ein wichtiger Grundsatz im Buddhismus, so wie er von Nichiren gelehrt wurde und in der Soka Gakkai International, der weltweiten Laienorganisation von Anhängern des Nichiren-Buddhismus, gelehrt wird.

Wie können wir dauerhaftes Glück erreichen, wenn unser gewöhnlicher Daseinszustand so quecksilbrig ist?

Ein buddhistisches Kernprinzip – die zehn Welten – liefert eine systematische Betrachtung dieses endlosen, von Augenblick zu Augenblick wechselnden Dramas in unserem Inneren. Dieses Prinzip lehrt, dass wir fortwährend verschiedene Lebenszustände durchleben, die sich auf einer viel tieferen Ebene als auf der des Verstandes ausbilden und einander ablösen. Vom niedrigsten bis zum höchsten Zustand lauten sie:

1. Hölle
2. Hunger
3. Animalität (auch: Tierwelt)
4. Ärger
5. Ruhe (auch: Menschenwelt)
6. Himmel (Entzücken – womit auch relatives oder temporäres Glück bezeichnet wird)
7. Lernen
8. Erkenntnis
9. Bodhisattva (Mitgefühl)
10. Buddhaschaft (auch Erleuchtung oder absolutes Glück genannt)

Fast jeder hat eine Tendenz zu einer dieser Welten, in der er häufiger und länger verweilt als in anderen. So mag es zum Beispiel sein, dass jemand seit seiner Kindheit dafür bekannt ist, dass ihm im Umgang mit anderen schnell die Sicherungen durchbrennen. Menschen mit einem solchen Temperament neigen dazu, sich in der Welt des *Ärgers* aufzuhalten.

Ein anderer wiederum neigt eher zu Passivität und Ängstlichkeit, lebt in den Tag hinein und schaut erst einmal, was da so kommt. Bei einem solchen Menschen ist wahrscheinlich die *Ruhe* die dominante Welt und Passivität dessen Achillesferse.

Andere wiederum können nie genug von etwas kriegen, sei es Geld, Sex oder Anerkennung. *Hunger* wäre dann die Welt, in der sie sich bevorzugt befinden. Wir könnten dies als »Lebenstendenz« bezeichnen oder noch genauer: als Karma. Die meisten von uns kämpfen sich mit einer solchen immerwährenden, unveränderlichen Tendenz durchs Leben, die unser Verhalten in Beruf, Privatleben und Familie weitgehend bestimmt. Egal was wir versuchen, immer sind es eine oder zwei dieser »Welten«, zu denen wir uns wie durch

Schwerkraft hineingezogen fühlen. Selbst nach übermenschlichen Anstrengungen, ein besserer Mensch zu werden, finden wir es immer noch schwierig, unsere Grundtendenz(en) zu verändern.

Um zu demonstrieren, wie diese zehn Welten oder Lebenszustände in unserer Psyche am Wirken sind, stellen wir uns einen ganz normalen Tag vor:

Du wachst auf, steigst aus dem Bett, vielleicht fährst Du Dir mit dem Kamm durch die Haare, so wie in diesem Beatles-Song. Du trinkst Deinen Kaffee. Du liest die Zeitung. Vielleicht hast Du einen Labrador, der friedlich neben Deinen Füßen vor sich hindöst. Du befindest Dich in der Welt der Ruhe (5), wo alles easy ist.

Dann wagst Du Dich in die Welt hinaus und rein in den Morgenverkehr. Stoßstange an Stoßstange geht es voran, augenblicklich wirst Du von jemandem geschnitten, der ein bisschen schneller vorankommen will. Du tauschst feindselige Blicke mit diesem rücksichtslosen Menschen aus. Für einen kurzen Moment bist Du in der Welt des Ärgers (4).

Kurz nach der Ankunft im Büro findest Du heraus, dass Dein direkter Vorgesetzter schon wieder mit Deiner besten Leistung gepunktet und Deinen Schreibtisch mit langweiligen, prestigefreien Jobs vollgeladen hat. Das widert dich an und empört dich, doch fehlt Dir der Mut, Dich gegen diese Machtspielchen aufzulehnen. Stattdessen herrschst Du Deine Assistentin an und drückst ihr so viele unangenehme Arbeiten auf, wie Du nur delegieren kannst. Jetzt bist Du in die Welt der Animalität (3) abgesunken, in der man leicht von anderen beherrscht wird und im Gegenzug andere beherrschen will.

Der Tag zieht sich dahin und Du gehst in die Mittagspause. Wie immer hältst Du unweigerlich nach Personen Ausschau, die Du attraktiv findest. Denn momentan bist Du gerade nicht in einer Beziehung. Eigentlich hast Du sowieso schon den Gedanken aufgegeben, noch einmal auf die Richtige zu treffen. Dieses schmerzliche Gefühl von Resignation färbt alles ein, was Du siehst und tust. Du befindest Dich in der Welt des Hungers (2), wo starke unerfüllte Bedürfnisse den Blick auf die Wirklichkeit verzerren.

Wieder im Büro rufst Du eine Deiner Flammen aus jüngster Zeit an und willst Dich mit ihr verabreden. Doch sie sagt Dir, dass es wirklich aus und vorbei ist und dass Du persönliche Vorlieben hast, die einen weiteren Kontakt unmöglich machen, wie zum Beispiel Deine Liebe zu modernem Jazz. Das schockiert und verletzt Dich. Du hast das Gefühl, nie wieder glücklich werden zu können, völlig in eine Sackgasse geraten zu sein. Deine berufliche Laufbahn ist ein Rohrkrepierer. Du kannst keine Beziehung halten. Deine Probleme drücken Dich zu Boden. Das ist die Welt der Hölle (1), ein Zustand extremen Leidens, in dem selbst die Aussicht auf ein bisschen Besserung völlig unmöglich scheint.

Gerade in diesem hoffnungslosen Augenblick klingelt das Telefon. Eine Geschäftsfreundin, noch dazu eine sehr attraktive, ruft an. Sie habe noch ein Extra-Ticket für ein Jazzkonzert heute Abend und fragt, ob Du Lust hättest … Sofort bist Du im Himmel (6), in der Welt, in der sich Begehren erfüllt in einem Zustand von *relativem* Glück (auch Entzücken genannt). Jetzt siehst Du diesen Tag mit völlig anderen Augen. Die Umstände, die Dich in die Hölle gebracht haben, schrumpfen plötzlich und Dein Leben taucht in die Aura des Glücklichseins.

Im Buddhismus sind Himmel und Hölle keine Orte, sondern Lebenszustände.

So ist die innere Landschaft der menschlichen Existenz beschaffen, sie verändert sich ständig. Vielleicht konntest Du in dem ständigen Fluss von Gedanken und Gefühlen, den diese Geschichte zeigt, die Veränderlichkeit Deiner eigenen inneren Zustände wiedererkennen. Unser Innenleben ist wie ein Kaleidoskop, Farbe und Muster verändern sich unter dem Chaos und Kräftespiel unserer gegenwärtigen Existenz in unendlich vielen subtilen Varianten. Wenn etwas geschieht, was uns erfreut, haben sich unsere grundlegenden Lebensumstände in Wirklichkeit kaum verändert. Was sich verändert hat, ist die Person da drinnen – und diese Person hat sich seit dem Moment, als der Wecker klingelte, ständig verändert.

Die Welten, die wir bislang näher beschrieben haben, werden im Buddhismus die sechs Pfade genannt oder auch die »sechs niederen Welten«. Für den größten Teil der Menschheit ist das Leben hauptsächlich ein Hin- und Hergerütteltwerden – ähnlich der Kugel im Flipperspiel – zwischen diesen sechs Welten. Man mag nun fragen: Was ist falsch daran, sich in der Welt der Ruhe und des Himmels aufzuhalten?

Das Problem dabei ist: Diese Zustände sind nicht haltbar. In den niederen sechs Pfaden leben wir hauptsächlich in Reaktion auf äußere Umstände. In diesen niederen Welten sind wir unserer Umgebung ausgeliefert. Unser Wohlbefinden hängt von etwas oder von jemand anderem ab. Ein Mensch in den niederen Welten ist zu einer Achterbahn-Existenz verdammt: glücklich, wenn alles gut läuft, unglücklich, wenn es nicht so läuft. Letztlich erlebt man auf diese Weise wenig Kontrolle über sein Leben – trotz oft großer Anstrengungen. Echtes Glück kann auf diesem Treibsand keine Wurzeln schlagen.

Doch in uns existiert das Potenzial für eine andere, eine solidere Art von Glück und in seiner höchsten Ausprägung ist es das absolute Glück der Buddhaschaft. Diese höheren Welten, darunter auch die Buddhaschaft, werden auch die »vier edlen Welten« genannt.

Anders als die bedingungsabhängigen, reaktiven Zustände der niederen sechs Welten sind die ersten drei edlen Welten – Lernen, Erkenntnis und Bodhisattva – proaktive und nicht reaktive Zustände. Der Buddhismus von Nichiren nutzt diese Zustände als Grundlage für eine Ausübung, die uns zu einem selbst geschaffenen Zustand von absolutem Glück führt.

Kehren wir also noch einmal zu unserer »Ein-ganz-normaler-Tag-Geschichte« zurück. Mit dem Auftrieb, den Dir der Anruf verschafft hat, willst Du nicht mehr im emotionalen Morast Deines Jobs versinken und stürzt Dich mit frischem Elan in die Arbeit. Momentan ist es ein größeres Forschungsprojekt, an dem Du schon seit einiger Zeit beteiligt bist und mit dem Du Dein Wissen auf Deinem Fachgebiet vertiefst sowie überhaupt Dein Wissen darüber, wie die Welt funktioniert.

Die Stunden rasen dahin wie Minuten. Du befindest Dich in der Welt des Lernens (7), wo Du Dir Wissen über das Leben aneignest, auch wenn es in einem gänzlich nicht buddhistischen Rahmen geschieht. Zu Hause angekommen beschließt Du, bis zu Deiner Verabredung noch etwas Klavier zu spielen. Dich packt ein bestimmter Jazz-Riff, den Du in zig Variationen erkundest. Du bist nun in der achten Welt, der Welt der Erkenntnis – sie wird gerne als eine Art Erwachen beschrieben, das sich mithilfe von Disziplin erreichen lässt. Man kann auch von der Begeisterung sprechen, die sich beim Meistern einer schwierigen Aufgabe einstellt – das kann das Bauen eines Bootes im Hinterhof sein oder eine Gobelinstickerei, das Schreiben von Sonetten oder Symphonien oder was auch immer.

Nehmen wir nun an, ein besonders anrührender Klavierakkord ruft Dir plötzlich eine kranke Freundin in Erinnerung, die gerade im Krankenhaus liegt. Du beschließt, sie auf dem Weg zum Jazzkonzert zu besuchen. Nun bist Du in der Welt des Bodhisattva (9), des Mitgefühls, die sich durch das Bedürfnis auszeichnet, anderen zu helfen. Diese Welt wird auch »Streben nach Erleuchtung« genannt, denn, wie wir gleich sehen werden: Die Fürsorge für das Glück und Wohlergehen der anderen ist ein integraler Bestandteil des Verhaltens eines Buddha.

Buddhaschaft: Was Glück eigentlich ist

Die zehnte und höchste Welt ist schwieriger zu beschreiben, weil wir sie nicht oft erleben. Nichiren schildert diesen Lebenszustand anhand der Tugenden, die mit ihm einhergehen: Die Qualitäten unserer Buddhanatur sind genau diejenigen, die Menschen wirklich großartig machen.

In seinem Brief *Die drei Arten von Schätzen* schrieb Nichiren: »Wertvoller als die Schätze in einem Schatzhaus sind die Schätze des Körpers – und die Schätze des Herzens sind die wertvollsten von allen. Bemühen Sie sich, die Schätze des Herzens anzusammeln, sobald Sie diesen Brief gelesen haben!«[2]

Schätze des Schatzhauses sind materielle Besitztümer und finanzieller Wohlstand. Schätze des Körpers sind Gesundheit, gutes Erscheinungsbild, Wissen, Status und so weiter. Beide sind wichtig und es würde nur unnötiges Leid verursachen, sie zu vernachlässigen – doch sie sind dem Gesetz der Unbeständigkeit unterworfen und daher letztlich relativ. Sie verändern sich im Lauf der Zeit und können daher kein Fundament für dauerhaftes Glück bilden.

Die Schätze des Herzens bezeichnen hier die Schätze im eigenen Inneren – jene Qualitäten und Eigenschaften, die aus unserer Buddhanatur entstehen. Die wahren Schätze des Lebens sind diejenigen Qualitäten, die unsere alltäglichen Handlungen verstärken, die uns die Weisheit, den Mut und das Zutrauen geben, jede erdenkliche Situation zu meistern. Das Fundament für das menschliche Glück beginnt im eigenen Inneren. Das Glück, das dort errichtet wird, ist nicht abhängig, vorübergehend und situativ – es ist widerstandsfähig und, wie Hamlet sagt, unbehelligt von den »Pfeilen und Schleudern des wütenden Geschicks«.

Nichiren bezeichnete dieses innere Reich als »Juwelenstupa*«, oft auch übersetzt als »Schatzturm« – für ihn eine weitere Bezeichnung der Buddhaschaft. So schrieb er: »[Es gibt] einen solchen Juwelenstupa nur in Gestalt der Männer und Frauen, die das Lotos-Sutra beibehalten. Daraus folgt: Ob bedeutend oder einfach, von hohem oder niedrigem Rang – wer Nam-Myoho-Renge-Kyo rezitiert, ist selbst der Juwelenstupa (...) Dann wird an dem Ort, an dem Sie Daimoku rezitieren, der Juwelenstupa sein.«[3]

Die Schätze des Herzens – die Qualitäten des absoluten Glücks, die Eigenschaften des Buddha – lagern im Juwelenstupa des menschlichen Lebens. Durch das Chanten von Nam-Myoho-Renge-Kyo können wir erkennen, dass wir mit allem ausgestattet sind, was wir für unser absolutes Glücklichsein brauchen. Wir können den Juwelenstupa unseres eigenen Lebens öffnen und uns neu beleben, indem wir diese Schätze in unserem Alltag manifestieren.

---

*Stupas waren im frühen Buddhismus turm- oder kuppelartige Bauwerke zur Verehrung des Buddha; sie dienten auch zur Aufbewahrung von Reliquien des Buddha, als Denkmal oder als Grabmal von Herrschern.

Wie fängt man damit an? Indem man Nam-Myoho-Renge-Kyo chantet. Immer wieder. Du chantest am Morgen. Du chantest am Abend. Du chantest, wenn Du Dich niedergeschlagen fühlst. Du chantest, wenn Du glücklich bist. Du chantest gewaltig – eine Stunde oder mehr –, wenn eine Herausforderung oder Krise vor der Tür steht. Und dann beginnt sich etwas zu verändern. Je mehr eine Person chantet, desto stärker wird die Buddhaschaft zu ihrer dominanten Lebenstendenz.

Die Buddhaschaft ist kein unendlich weit entferntes Ziel, kein unzugänglicher Berggipfel, dessen Besteigung Jahrzehnte oder gar mehrere Leben braucht, verbunden mit übermenschlichen Anstrengungen. Im Gegenteil, Nichiren erklärte sie zum Ziel unserer täglichen Praxis.

Es ist wie bei einem Eisensplitter, der durch konstante Reibung an einem Magneten schließlich selbst magnetisiert wird: Der Eisensplitter erhält einen Nord- und Südpol und die Fähigkeit, durch diese Veränderung weitere Eisenspäne anzuziehen. Je aufrichtiger wir chanten, desto stärker nimmt unser Leben den »Magnetismus« der Erleuchtung an. Durch das Chanten von Nam-Myoho-Renge-Kyo – das Reiben am Magneten – gewinnen wir die Weisheit und Lebenskraft – werden also magnetisiert – und ziehen dadurch Glück und Schutz an, weil wir in Harmonie mit unserer Umgebung sind.

Wenn wir zum Beispiel im Lebenszustand des Ärgers chanten, dann verändert sich dieser Zustand an sich, sodass sich der Ärger in einer Weise ausdrückt, die etwas von Wert erschafft – vielleicht als berechtigter Zorn gegen Unrecht. Der Zustand der Ruhe verwandelt sich in die Tugend der Geduld, zum Beispiel in Krisenzeiten.

Das innere Selbst entwickeln

Aktuelle Forschungen auf dem Gebiet der Psychologie geben uns Aufschluss darüber, was man zum Glücklichsein braucht: (1) Selbstachtung, (2) das Gefühl der Kontrolle über das eigene Leben, auch Selbstwirksamkeit genannt, (3) eine optimistische Grundhaltung und (4) die Hingabe an ein höheres Ziel. Zusätzlich zu diesen inneren Qualitäten stimmen die Forscher überein, dass (5) eine sinnvolle Arbeit und Freizeitgestaltung und (6) dauerhafte liebevolle Beziehungen ebenfalls wichtige Bestandteile eines glücklichen Lebens sind. (Mehr über diese beiden Bereiche in den nächsten Kapiteln.)

Die wichtigste Voraussetzung für die allgemeine Lebenszufriedenheit ist laut einer Studie der Universität Michigan jedoch weder ein erfülltes Familienleben noch Freundschaftsbeziehungen noch Einkommen, sondern die Zufriedenheit mit dem eigenen Selbst. Daisaku Ikeda schrieb dazu:

> Wahres Glück ist nicht die Abwesenheit von Leid: Du kannst nicht Tag für Tag nur blauen Himmel über Dir haben. Wahres Glück ist im Aufbau eines Selbst zu finden, das würdevoll und unbezwingbar für sich steht. Glück bedeutet nicht, ein problemfreies Leben zu haben. Es bedeutet vielmehr, dass Du angesichts welcher Schwierigkeiten auch immer den Mut und die Überzeugung aufbringen kannst, sie zu überwinden, ohne im Geringsten erschüttert zu sein, ohne im Geringsten zurückzuweichen.[4]

Letztlich wird das Glück durch das Ausmaß bestimmt, in dem es uns gelingt, ein solides Selbst zu erschaffen. Dieses Selbst ist das wahre Selbst im eigenen Leben, das ewig existierende Leben des Buddha, das in Harmonie mit dem Gesetz des Universums existiert. Wenn wir durch unsere buddhistische Ausübung diese großartigen Schätze oder Tugenden entdecken, können wir unser Selbstbild dramatisch verändern – wir erwachen zu unserer ureigenen Großartigkeit.

In diesem Sinne ist die Verwirklichung der Buddhaschaft ein Prozess des Entdeckens von all dem, was im eigenen Herzen bereits schlummert. Wir entdecken unser wahres universales Selbst. Gleichzeitig aber bleibt dieser Lebenszustand nicht auf den inneren Bereich beschränkt. Die Veränderungen unseres Selbstbildes, die wir in den Tiefen unseres Lebens einleiten, zeigen sich sowohl in unserem Verhalten als auch in unserem Umfeld. Sie zeigen sich in unserem Körper, in unserem Geist, in unseren Beziehungen und in unserer Umgebung. Das Chanten von Nam-Myoho-Renge-Kyo bewegt unser Universum mit enormer Kraft in Richtung Glück.

In Bezug auf die buddhistische Praxis sagen wir, dass man den höchsten Lebenszustand, absolutes Glück oder die Buddhaschaft hervorbringen kann. Weil dieses Glück im eigenen Inneren errichtet wird, kann es nicht durch die ständigen Veränderungen von außen zerstört werden. Die Praxis befreit uns von der Abhängigkeit von äußeren Umständen. Sie ist eine Form der höchsten Kontrolle oder Selbstwirksamkeit – ein wichtiger Aspekt des Glücklichseins.

»Sich treiben zu lassen ist die Hölle, selbst zu steuern der Himmel«, schrieb einst George Bernard Shaw. Diejenigen, die sich dem Studium und der Ausübung des Buddhismus widmen, gewinnen eine wachsende Kontrolle über ihr

Innenleben und in der Folge auch über die äußeren Bedingungen. Sie übernehmen die Verantwortung für ihr eigenes Universum, sie werden zum Meister ihres Schicksals, indem sie ihr eigenes Leben meistern.

Selbst außerhalb der Welt der buddhistischen Philosophie wird anerkannt, dass Selbstwirksamkeit, also sich in Kontrolle des eigenen Lebens erleben, ein wichtiger Glücksbestandteil ist. Dazu besagt die Michigan-Studie, dass die fünfzehn Prozent der Bevölkerung, die laut eigener Aussage ihr Leben im Griff haben, auch »außergewöhnliche Glücksgefühle erleben«. Drei von fünf dieser Personen gaben an, »sehr glücklich« zu sein – das sind doppelt so viele wie der nationale Durchschnitt. Diejenigen mit einem starken »inneren Ort der Kontrolle« erreichten in der Regel mehr in der Schule, gingen besser mit Stress um und lebten glücklicher.

Um zu zeigen, wie dies im Buddhismus funktioniert, untersuchen wir die reale Erfahrung einer jungen Frau, die mit ihrer buddhistischen Ausübung unter besonders unglücklichen Umständen begann. Sie folgte schon ihr Leben lang immer denselben Mustern von scheiternden Beziehungen und Misserfolgen im Beruf. Was ihre Zukunft anbelangte, so hatte sie allen Mut verloren und war die meiste Zeit depressiv. Sie war also im Zustand der Hölle, ohne jegliche Hoffnung.

Versuchsweise begann sie mit dem Chanten von Nam-Myoho-Renge-Kyo und konzentrierte sich dabei auf eine dauerhafte Beziehung und eine sinnerfüllte Karriere. Obwohl sich die Lage an beiden Fronten besserte, holte sie das Scheitern dennoch stets wieder ein. Doch das Wissen um ihr eigenes Selbst entwickelte sich und allmählich erkannte sie die Wurzel ihres Problems: Selbsthass. Ihr innerer Kritiker verfolgte sie ständig mit Selbstzweifeln und Gedanken der Wertlosigkeit.

Nachdem sie schon eine ganze Weile gechantet hatte, fragte sie sich nach einer besonders schmerzhaften Trennung immer wieder: »Warum liebt mich niemand? Was ist nur falsch an mir?« Als sie mit ihrer Ausübung weitermachte, erkannte sie, dass niemand sie lieben konnte, weil sie sich selbst nicht liebte. Ab diesem Zeitpunkt konzentrierte sie sich in ihrer Praxis darauf, ihr wahres Selbst sehen zu können, ihre großartigen Qualitäten, ihre Buddhanatur. Sie konnte schließlich ihre Schwächen als etwas ganz Normales akzeptieren und ihre einzigartigen und wunderbaren Eigenschaften erleben und anerkennen. Je mehr sie sich selbst lieben und wertschätzen lernte, umso deutlicher spiegelte auch ihre Umgebung diese Veränderung wider.

Ihre beruflichen Beziehungen entwickelten sich zum Besseren und sie erlebte zunehmend Vertrauen und Wertschätzung an ihrem Arbeitsplatz. Dies führte zu neuen Chancen und finanzieller Honorierung. Sie konnte eine alte Beziehung neu beleben und heilen, ist nun glücklich verheiratet und hat zwei Kinder. Alles begann damit, dass sie die Verantwortung für ihr inneres Selbst – das Fundament des inneren Glücks – übernahm und es entwickelte.

Optimismus – die Morgendämmerung der Hoffnung

Unser absolutes Glück zu kultivieren bedeutet auch, optimistisch zu leben. Optimisten leben gesünder und erfolgreicher. »Keine Ermutigung ist so effektiv wie die Selbst-Ermutigung«, schrieb der Harvard-Historiker und Volkswirtschaftler David S. Landes in seinem Buch aus dem Jahr 1999,

Wohlstand und Armut der Nationen: Warum die einen reich und die anderen arm sind. »Diese Welt gehört den Optimisten, nicht deshalb, weil sie immer Recht haben, sondern weil sie immer positiv gestimmt sind. Selbst wenn sie falsch liegen, sind sie immer noch positiv – und so bringt man es zu etwas.«

Der Buddhismus lehrt uns, alles in einem positiven Licht zu sehen: als Chance für Wachstum, als Rohmaterial für die Entwicklung von absolutem Glück. Das Chanten von Nam-Myoho-Renge-Kyo ist die Quelle für diesen Optimismus und dieses Wachstum. Der Buddhismus nennt es »Werteschaffen«. Indem wir diese Quelle nutzen, können wir Ausübenden alles, was in unserem Leben geschieht, ob Freud oder Leid, in Ursachen für absolutes Glück verwandeln. Das führt letztlich dazu, dass wir das Selbstvertrauen entwickeln, selbst heftiges Leid in Rohmaterial für absolutes Glück zu verwandeln. Mit dieser Kraft wird schließlich alles zu Nutzen und Chance.

Nehmen wir ein weiteres Beispiel aus dem echten Leben: Ein achtundfünfzigjähriger leitender Ingenieur und Ausübender des Buddhismus hatte seine gesamte Berufslaufbahn einem Großunternehmen gewidmet. Als er seinen Job aufgrund einer »Unternehmensverschlankung« verlor, fand er sein Glück und sein Selbstvertrauen auf eine ernsthafte Probe gestellt.

In seinem Alter waren die Berufsaussichten trübe. Trotz außergewöhnlicher Anstrengungen, eine neue Arbeit zu finden, wurden aus Wochen der Arbeitslosigkeit Monate, ohne auch nur einen Job am Horizont. Familienersparnisse wurden aufgezehrt, Rechnungen blieben unbezahlt liegen.

Doch die wirkliche Herausforderung bestand darin, dass er die Hoffnung zu verlieren begann. Dieser Verlust der Hoffnung ließ seine Entschlossenheit und seine Kräfte versiegen, die es brauchte, um neue berufliche Wege zu erkunden und vorzubereiten. Vor ihm lag die Aussicht, alles zu verlieren, wofür er gearbeitet hatte. Hautnah erlebte er nun die Treulosigkeit eines Glücks, das sich auf Erfolg, Status und materiellem Wohlstand gründete.

Er suchte andere erfahrene Buddhisten auf, um sich spirituellen Rat zu holen, und lernte dabei, seine Situation als Chance zu begreifen, um ein festeres Fundament in seinem Innenleben zu entwickeln und mehr die Schätze seines Herzens zu suchen als die des Schatzhauses. Er erkannte, dass er seine Familie, seine Freundschaften, wichtige Beziehungen sowie seine Gesundheit und seine persönliche Entwicklung vernachlässigt hatte.

Darauf konzentrierte er sein Chanten und nutzte diese Krise als Chance, seinem Leben einen neuen Kurs zu geben und klare Prioritäten zu setzen. Allmählich begriff er sein Problem als wichtige neue Möglichkeit. Durch diesen Perspektivenwechsel brach aus den Tiefen seines Lebens ein neuer Optimismus hervor. Diese Entschlossenheit gab ihm die Kraft und den Willen, Chancen auf Gebieten zu suchen, an die er vorher gar nicht gedacht hatte.

Fast unmittelbar danach öffnete sich bei ihm eine Einstiegschance in einem völlig neuen beruflichen Bereich. Er erkundete ihn und fand ihn zu seiner Überraschung überaus reizvoll. Hier gab es ungeahnte und fast grenzenlose Entwicklungsmöglichkeiten. Schließlich startete er eine ungeheuer erfolgreiche Karriere, die viel erfüllender war als die Arbeit, die er zuvor getan hatte. Wichtiger ist jedoch: Diese neuen Erfolge entfernten ihn nicht mehr von seiner Familie, seinen Freunden oder lenkten ihn von seiner persönlichen Entwicklung ab. Er hielt sein Leben im Gleichgewicht und fand zu einem Glück, das für ihn zuvor undenkbar gewesen wäre.

Daisaku Ikeda schrieb dazu: »Echte Freude strömt ununterbrochen aus Deinem Inneren, wenn Du jedem

Ansturm von Härten die Stirn bietest und kämpfst. Diese echte Freude sprudelt dann ohne Ende hervor. Du kannst keine echte und tiefe Freude erleben, wenn Du Dich nur in bequemen Umständen einnisten willst, wo Du niemals auf ernste Schwierigkeiten triffst.«[5]

Was uns stark macht: ein Leben mit einer sinnvollen Aufgabe

Wir sind stark und wir sind schwach, niemand ist gänzlich das eine oder das andere. Einfach ausgedrückt, sind wir stark, wenn wir etwas Wichtiges zu tun haben, und sind wir schwach, wenn wir nichts Sinnvolles zu tun haben.

Die Schwäche, die man bei denjenigen beobachtet, deren Leben von zwanghaften Vorstellungen, fixen Ideen oder Süchten dominiert wird, ist ein Symptom für eine tief sitzende Sinn-Abwesenheit, die unsere Gesellschaft durchdringt. »Jeden Tag erfüllt sein von positiver Aufregung, Sinn und dem Gefühl, seine Sache gut gemacht zu haben – Menschen, die sich so fühlen, sind glücklich«[6], schrieb Ikeda einmal. Echtes Glück ist verbunden mit einer tiefen Hingabe an ein großes, sinnvolles Ziel. Jemand, der auf diese Weise lebt, ist stark – und stark genug, um unter allen Umständen glücklich zu sein. Jemand, der auf diese Weise lebt, erfährt eine Erfüllung in der Tiefe seines Lebens, der die ständig wechselnden Umstände nichts anhaben können. »Natürlich«, schreibt Ikeda weiter, »muss die Lebensaufgabe oder Zielsetzung, der Du Dich verschrieben hast, mit Deinem Glück und dem der anderen vereinbar sein. Das ist es, was absolutes Glück möglich macht.«

Der Nichiren-Buddhismus lehrt die Notwendigkeit einer »Du-und-ich-Sichtweise«. Daher praktizieren Buddhisten, um sich selbst glücklich zu machen und, parallel dazu, um anderen dabei zu helfen, ebenfalls glücklich zu werden und Frieden in die Welt zu bringen. Sie erkennen nämlich, dass es letztlich unmöglich ist, persönliches Glück auf dem Leid oder Unglück anderer aufzubauen. Zudem verwandeln sich die Bemühungen für das Glück der anderen in eine wichtige Quelle für das eigene Glück. Daher gehört es zu den großartigsten und edelsten Aufgaben, sich für andere einzusetzen. Wer dies tut, erlebt sein selbstsüchtiges Ego auf dem Rückzug, während das wahre Selbst – die Buddhaschaft – in den Vordergrund rückt.

Es gibt natürlich viele Wege, sich voller Mitgefühl für andere zu engagieren. Die Disziplin des Buddhismus bedeutet immer Ausübung für sich selbst und andere mit dem Grundgedanken, dass es der höchste Akt des Mitgefühls ist, anderen die Mittel an die Hand zu geben, mit denen sie selbst ihre Fähigkeit stärken, das eigene Elend zu überwinden und absolut glücklich zu werden.

Wir chanten für das Glück der anderen. Wir lehren andere, wie man chantet. Und wir studieren den Buddhismus zusammen, wobei diejenigen mit mehr Erfahrung ihr Wissen und ihre Einsichten teilen und im Gegenzug von den Erkenntnissen der Neulinge wieder erfrischt werden. Wir lernen ständig dazu, wie wir alles und alle in unserem Leben in eine harmonische Beziehung miteinander bringen – in unseren Familien, im Freundeskreis, am Arbeitsplatz, in der Nachbarschaft und so weiter.

Erfüllung stellt sich ein, wenn man es als Aufgabe erkennt, anderen bei der Verwirklichung ihres Potenzials zu helfen, und im Bemühen, dies in die Tat umzusetzen. Ein Leben ohne Mitgefühl ist ein seichtes Leben. Der

Bodhisattva-Weg, der Weg, anderen zu helfen, ist der sichere Weg zu absolutem Glück. Hier sei noch einmal George Bernard Shaw aus seinem Werk *Mensch und Übermensch* zitiert:

> Darin liegt die wahre Freude im Leben, benutzt zu werden von einem Ziel, das ich selbst als ein großes anerkenne, eine Naturgewalt zu sein, statt ein fiebriges, selbstsüchtiges, kleines Bündel von Wehwehchen und Beschwerden, das darüber jammert, dass die Welt sich einfach nicht dem Zweck verschrieben hat, mich glücklich zu machen.

In diesem Sinn bedeutet wahres Glück nicht einfach, hohe Ziele zu haben, sondern zu handeln, um diesen Zweck, diese Aufgabe, diesen Einsatz für andere zu erfüllen. Victor Hugos letzte Worte, die er in seinem Leben schrieb, lauteten: »Lieben heißt handeln.« Gleichermaßen können wir sagen: »Glücklich sein heißt handeln.«

Nichiren schrieb dazu: »Der Zweck des Erscheinens von Buddha Shakyamuni, dem Herrn der Lehren, in dieser Welt liegt in seinem Verhalten als Mensch. Die Weisen mögen Menschen genannt werden, doch die Unbedachten sind nichts weiter als Tiere.«[7] Shakyamunis unermüdliches Handeln im Einsatz, andere Menschen zur Erleuchtung zu führen, seine Buddhaschaft auf die bedachtsamste Art mit anderen zu teilen (abhängig von den Fähigkeiten seines Publikums), das war »sein Verhalten als Mensch« und mindestens ebenso wichtig wie alles, was er gesagt hat.

Nam-Myoho-Renge-Kyo für sich selbst und andere zu chanten – das ist das »Geheimnis«, um auf dieser Welt absolut glücklich zu werden. So wie Nichiren schrieb: »Es gibt kein wahres Glück für die Menschen, außer Nam-Myoho-Renge-

Kyo zu rezitieren.«[8] Das Chanten von Nam-Myoho-Renge-Kyo weckt den Impuls des Mitgefühls, der in unserem Inneren schlummert, und bringt einen höheren Lebenszustand hervor, den wir aufrichtig anstreben müssen. Unser Glück hängt davon ab, wie wir das Glück für andere verbreiten.

Die Transformation des Menschen

Anhand der zehn Welten erklärt der Buddhismus, dass der Weg zum absoluten Glück – in diesem Leben, in dieser Welt und in unserer momentanen Situation – darin liegt, die Verantwortung für den inneren Zustand unseres Lebens zu übernehmen. Wenn wir uns der zehn Welten in unserem Inneren nicht bewusst sind, vor allen nicht der innewohnenden Buddhanatur, vergeuden wir nur ungeheure Energien mit der Jagd nach relativem Glück.

Was die Menschen in den niederen sechs Welten verharren lässt, sind Täuschungen, die aus dem entstehen, was der Buddhismus die »drei Gifte« nennt: *Gier*, *Ärger* und *Torheit*. Wer es zulässt, sich von den drei Giften beherrschen zu lassen – zum Beispiel vom Glauben, dass Kaufen glücklich macht – wird in den niederen Zuständen gefangen bleiben, wo es am Ende immer wieder auf Leid und Unglück hinausläuft.

Wenn Täuschungen die Ursache für Unglück sind, der Glaube an eine funktionierende Philosophie hingegen zu absolutem Glück führt, dann wird die Umwandlung nicht funktionierender Glaubenssätze zur praktischen Methode für das Erreichen von Glück. Daher folgerte Nichiren: Wenn wir glücklich werden wollen, sollten wir »schnell die Grundsätze verändern, die wir in unserem Herzen hegen« und uns die Weisheit des Buddhismus zu eigen machen.

Die buddhistische Ausübung ist dafür da, die illusionären Grundsätze in unserem Herzen zu verändern. Dieser Prozess der inneren Verwandlung, auch »menschliche Revolution« genannt, hat mit Revolution im herkömmlichen Sinn nichts zu tun: Er braucht keine Ideologie, kein Moralsystem, keinen Verhaltenskodex und schon gar keine Gewalt. Wir chanten einfach Nam-Myoho-Renge-Kyo in der Erwartung, daraus Nutzen zu ziehen, und in der Hoffnung, dass sich damit unsere Ziele im Leben erreichen lassen.

Ob wir uns glücklich oder unglücklich fühlen, hängt letztlich von uns selbst ab. Solange wir unseren Lebenszustand nicht verändern, können wir kein wahres Glück finden. Doch wenn wir unseren inneren Zustand verändern, verwandelt sich unsere ganze Welt. Das Mittel für die Umsetzung dieser Transformation ist das Chanten von Nam-Myoho-Renge-Kyo, was der Kern unserer buddhistischen Ausübung ist. Wir chanten Nam-Myoho-Renge-Kyo um unsere menschliche Revolution zu vollenden, unsere alten Glaubensätze zu verändern und die innere Stärke hervorzurufen, die es braucht, wenn wir über unsere Schwierigkeiten hinauswachsen und anderen helfen wollen.

ooo

5 Gelingende Beziehungen

Je mehr ich die Menschheit
im Allgemeinen liebe,
desto weniger liebe ich den Menschen
im einzelnen,
also ihn als Individuum.
– Fjodor Dostojewski
(*Die Brüder Karamasow*)

Ich definiere Liebe als den Willen,
das eigene Selbst auszudehnen,
um das eigene spirituelle Wachstum
oder das eines anderen Menschen
zu nähren.
– M. Scott Peck
(Der wunderbare Weg)

Die Menschen zu mögen oder die Menschheit auf abstrakte Weise zu lieben, ist verhältnismäßig einfach. Mitgefühl für jemanden aus Fleisch und Blut zu empfinden oder einen einzelnen Menschen zu lieben hingegen ist um einiges schwieriger.

Viele von uns kennen Geschichten von Menschen, die sich sozial engagieren, vielleicht wohltätige Organisationen oder Bürgerinitiativen gründen, deren Privatleben jedoch von Rücksichtslosigkeit oder gar Grausamkeit gegenüber ihren Nächsten geprägt ist. Im Gegensatz dazu ist in den buddhistischen Lehren das Mitgefühl gegenüber Menschen alles andere als bloßer Idealismus. Es ist etwas, das wir täglich umsetzen wollen.

Wie bereits erwähnt, wohnt die Buddhanatur in jedem Einzelnen und beruht das eigene Glück darauf, ein starkes inneres Selbst auszubilden. Auch wenn der Buddhismus ein machtvolles Werkzeug für den Aufbau einer solchen inneren Stärke ist, so ist dieser doch keine Ausübung im Alleingang. Vielmehr zeigt die buddhistische Lehre, dass ein mitfühlender Umgang mit anderen der beste Weg ist, um in der Gesellschaft Erfüllung zu finden. Ja, er ist sogar die Grundbedingung für die Erleuchtung.

Ein weiser Mensch versucht stets, andere zu stärken und das Beste aus ihnen hervorzulocken. Der Humanismus des Lotos-Sutra, der buddhistischen Kernlehre für dieses moderne Zeitalter, lässt sich auf diese Grundbotschaft herunterbrechen: Wertschätzung des Einzelnen.

Ein Mensch im Zustand der Buddhaschaft respektiert die Individualität der anderen und wünscht sich, dass sie eben-

falls ihre einzigartigen Qualitäten zeigen. Das buddhistische Ziel der universalen Erleuchtung beginnt also mit der Wertschätzung des Selbst; diese erweitert sich auf unsere Nächsten und dehnt sich schließlich immer weiter aus, bis sie alle Menschen umfasst.
Wie man diese Grundhaltung kultivieren und erfüllende Beziehungen entwickeln kann – davon handelt dieses Kapitel.

Eines ist gewiss: Jeder Mensch hat Beziehungen. Selbst solche, die in Klöstern leben, haben mit den anderen Mönchen zu tun. Beziehungen unterschiedlichster Art sind ein unvermeidlicher Bestandteil unseres Lebens. Dies gilt umso mehr für all jene, deren Alltag geprägt ist von Familie, Partnerschaft und Beruf. Doch auch jenseits von all dem hat der Wunsch nach Gemeinschaft tiefe Wurzeln. In ihrem Streben nach Glück streben die Menschen gleichermaßen nach dauerhaften und erfüllenden Beziehungen, vor allem nach intimen.

Befriedigende und anhaltende Beziehungen tragen viel zu unserem Glück bei. Doch leider sind Beziehungen – ob mit Familie, Freunden oder Kollegen – allzu oft die Ursache für Schmerz und Leid statt für Freude und Erfüllung. Oder Beziehungen, die einst Erfüllung schenkten, halten nicht. Angesichts der Tatsache, dass so viele Menschen aufrichtig und in bester Absicht so viel Energie und Bemühen in das Gelingen von Beziehungen stecken, bleibt die Frage: Warum scheitern so viele?

Sie scheitern, weil es ihnen an Weisheit mangelt, wie sie Beziehungen gelingen lassen. Oft gehen wir Beziehungen ein aus Beweggründen, die ihrem Überleben nicht zuträglich sind.

Alles hängt von Dir selbst ab

Ob Du eine Beziehung auf positive oder negative Weise erlebst, bestimmst Du selbst, oder besser: Deine eigenen Glaubenssätze und Grundhaltungen bestimmen das. Dieser Gedanke mag anfangs schwer annehmbar scheinen. Doch es ändert nichts: Erfolgreiche Beziehungen beginnen damit, die volle Verantwortung für Dein Leben und Deine Rolle in diesen Beziehungen zu übernehmen.

»Es ist schwer, wie ein Adler zu fliegen, wenn man von Truthähnen umgeben ist«, war einmal auf einem Auto-Aufkleber zu lesen. Der Buddhismus lehrt jedoch, dass die eigene Umgebung exakt den eigenen Lebenszustand spiegelt. Der Buddhismus weist darauf hin: Wenn Du von Truthähnen umgeben bist, dann bist du wahrscheinlich nicht der Adler, für den Du Dich hältst, sondern eher selbst ein Truthahn. Und dann ist deine Umgebung wohl auch eine Truthahnfarm. Das Problem liegt keineswegs darin, dass Deine Mit-Truthähne Dich vom Fliegen abhalten – Du musst Dich vielmehr in den Adler verwandeln, der Du sein möchtest.

Jeder von uns ist vom Wesen her ein Buddha, was bedeutet: Nichts an uns ist falsch oder verkehrt. Wir sind nicht unrein und nicht verdorben. Unser unerleuchteter Geist ist verdorben. Das bedeutet nun nicht, dass das Opfer Schuld hat. Gewiss gibt es Menschen, die sich schlecht verhalten und anderen, vielleicht Dir, Leid zufügen. Wir sind jedoch nicht für das Verhalten von anderen verantwortlich – verantwortlich sind wir nur für uns selbst. Sobald Du das verstehst, wirst Du in dieser Sichtweise letztlich etwas Befreiendes erkennen: Da wir die Kontrolle über die Entscheidungen in unserem eigenen Leben haben, haben wir auch die Kraft, etwas gegen unbefriedigende Beziehungen zu tun.

Nichiren lehrte, dass Leid entsteht, wenn wir »außerhalb unserer selbst« für die Ursache oder Lösung unserer Probleme suchen. Die Tatsache, dass Du es bist, der leidet, bedeutet, dass es Dein Problem ist, das Du lösen musst – kein anderer. Wenn Du darauf wartest, dass andere sich ändern, wirst Du in der Regel lange warten. Dennoch bemühen sich Menschen aufs Äußerste, das Verhalten von anderen zu verändern, um Beziehungen zum Funktionieren zu bringen. Letztlich ist dies so vergeblich, wie wenn du den Spiegel putzt, um Dein Gesicht zu reinigen. Der Spiegel wird weiterhin dasselbe Bild widerspiegeln.

Durch die buddhistische Ausübung lernen wir, uns selbst genauer zu sehen – vielleicht gar zum ersten Mal in unserem Leben, mit all unseren Schwächen und Stärken. Tag für Tag dringen wir zu einer immer tieferen Erkenntnis vor, zuweilen kann das auch durch plötzliche, bemerkenswerte Geistesblitze geschehen: Die Beziehungen, die wir aufgebaut haben, sind eine genaue Spiegelung unseres Lebenszustands. Mit dieser Erkenntnis können wir den stetigen, langfristigen Prozess beginnen, um unsere Weisheit und unsere Fähigkeit als menschliche Wesen zu entwickeln.

Der Schlüssel zur Veränderung von Beziehungen liegt in der Veränderung von uns selbst. Da Du der einzige Mensch bist, dessen Verhalten Du bestimmen kannst, nutze diese Kraft so gut Du kannst. Arbeite von innen nach außen.

Der Buddhismus lehrt, dass falsche Geisteshaltungen oder Glaubenssätze über uns selbst und andere, die Elend und Leid produzieren, allesamt auf die »drei Gifte« zurückzuführen sind: Gier, Ärger und Torheit. Insbesondere Ärger, dieses Gift, das zu gleichen Teilen aus Arroganz und Selbstbezogenheit besteht, zerstört Beziehungen. Das Gift des Ärgers führt unweigerlich zu Streit und Dauerkonflikt unter Menschen, seien es Einzelne, Gruppen oder ganze Nationen. Krieg hat seine Wurzeln im Gift des Ärgers.

Der Buddhismus bezeichnet dieses vergiftete Selbst, diesen arroganten, selbstbezogenen Egomanen, der in uns allen vorhanden ist, als das kleinere oder niedere Selbst. Das letztendliche Ziel der buddhistischen Ausübung ist es, das große oder wahre Selbst zum Leben zu erwecken. Beides geht Hand in Hand: den Sinn von Beziehungen verstehen lernen und uns vom Gift des Ärgers reinigen.

Die perfekte Beziehung: Zwei Menschen, die eigenständig zusammenstehen

Ein buddhistischer Lehrer erklärte einmal, es gebe drei Stufen in der Entwicklung des menschlichen Charakters: abhängig, unabhängig und freiwillig gebend. Leider ist den meisten Menschen der dritte, der gebende (oder gewählt abhängige) Lebenszustand komplett unbekannt. Für sie gibt es nur die Wahl zwischen Unabhängigkeit und Abhängigkeit.

Unabhängigkeit, das eigenständige Selbst zu erleben, kann ein beglückender Zustand sein, weil wir die Kontrolle haben, was eine Grundbedingung für Glück ist. Das starke, selbstbewusste Selbst kann jedoch leicht arrogant und einsam werden. Arroganz und Gemeinschaft – das verträgt sich nicht gut. Nur allzu wahrscheinlich wird ein arroganter Mensch keine erfüllende Beziehung aufrechterhalten können. Stattdessen werden seine Beziehungen immer wieder im Streit zerbrechen.

Die Alternative für die meisten sind dann abhängige oder coabhängige Beziehungen: Man gibt sich Respekt und Liebe, doch nicht aus freien Stücken, sondern unter oft unausgesprochenen Bedingungen. Das sind die »Verhandlungsbeziehungen«: »Ich liebe Dich, solange Du mir gibst, was ich brauche.«

Das Leben in solch einer Art von Beziehung kann nur in eine emotionale Achterbahnfahrt münden, mit aufregenden Höhe- und verzweifelten Tiefpunkten. Das ist deshalb so, weil dann Dein Glück abhängig vom Verhalten des anderen ist, abhängig von seiner oder ihrer Bestätigung, dass Du liebenswert bist.

Glück, egal in welcher Situation, kann nicht entstehen, wenn Dir die Macht über das eigene Leben abhandengekommen ist. Von jemand anderem abhängig zu sein, der darüber bestimmt, ob und wie wir liebenswert sind, gibt dieser Person die Macht über unsere Gefühle und unseren Selbstwert. Dann haben wir diese Macht aus der Hand gegeben.

Janets Erfahrung:
Das Alkoholproblem meines Ehemanns

Janet kämpfte jahrelang in ihrer Ehe. Sie litt ungeheuer unter der Alkoholsucht ihres Mannes, nicht nur körperlich und seelisch, sondern auch auf spiritueller Ebene. Sie versuchte, ihn zur Vernunft zu bringen. Sie versuchte mit aller Kraft, eine noch bessere Ehefrau zu sein. Doch sie merkte, dass sie trotz aller Bemühungen nichts verändern konnte. Dies führte zu Selbstzweifeln und einer skeptisch-grollenden Lebenshaltung. Sie verlor die Hoffnung, dass ihr Mann jemals das Trinken aufgeben oder sie eine glückliche Ehe führen würde.

Janet spielte mit dem Gedanken, ihn zu verlassen, doch die Vorstellung flößte ihr Angst ein. Auf einer tieferen Ebene wusste sie, dass sie ihn niemals verlassen würde, weil sie von ihm abhängig war, finanziell wie emotional. Also blieb sie und die Jahre vergingen.

Weil seine Trunksucht schließlich das Problem war, dämmerte es ihr niemals, dass sie irgendetwas bei sich selbst verändern musste. Sie suchte lange und aufrichtig nach einer Lösung, am Ende aber schwand ihre Hoffnung, sie ergab sich ihn ihre Situation, wurde zu schwach, um noch die Entschlossenheit aufzubringen, ihr Unglück anzugehen. Und natürlich verschlimmerte sich die Situation immer weiter.

Schließlich führte sie eine Freundin in den Nichiren-Buddhismus ein. Sie begann ernsthaft mit der Ausübung und chantete jeden Tag Nam-Myoho-Renge-Kyo. In den folgenden Wochen erfuhr sie, neben mehreren deutlichen Wohltaten, eine große Erkenntnis: Sie hatte sich in puncto Veränderung mit dem falschen Menschen beschäftigt. Sie war überzeugt gewesen, all ihre Bemühungen darauf konzentrieren zu müssen, das Verhalten ihres Mannes zu ändern, und bis dies eintrat, würde sie eben weiter im Elend leben.

Je mehr sie sich mit der buddhistischen Philosophie beschäftigte und ihre eigene Buddhaweisheit anzapfte, umso klarer erkannte sie: Unabhängig davon, ob ihr Mann jemals das Trinken aufgeben würde oder nicht, musste sie selbst glücklich werden. Sie wurde sich darüber klar, dass sie sich selbst gegenüber respektlos verhalten hatte, indem sie es zugelassen hatte, unglücklich zu sein.

Durch die buddhistische Ausübung entwickelte Janet ein stärkeres inneres Selbst. Dadurch änderte sich ihr Verhalten gegenüber ihrem Mann, das bislang nur noch von Wut und Frust getrieben war, und in ihrem Herzen tauchte eine echte Sorge um sein Glück auf. Während sie für ihr beider Glück chantete, wurde sie wieder stärker und entschlossener. Sie verstand allmählich, dass sie sich als Partner darin eingerichtet hatten, schwach und abhängig zu sein. Schließlich war ihre Entschlossenheit so fest, dass sie mit ihrem Mann aufrichtig zu reden begann.

Diesmal ging sie anders auf ihn zu, nicht aufgrund von Angst oder Wut, und ohne die versteckte Botschaft, er solle sich ihr zuliebe verändern. Sie sagte: »Es tut mir leid, dass Du unter Alkoholsucht leidest, aber ich werde mich nicht mehr einmischen. Meine Verantwortung gilt meinem eigenen Glück. Und ich hoffe, dass mein Seelenfrieden dir ebenfalls hilft.« Diese neue, zutiefst echte Herangehensweise rief bei ihrem Mann eine überraschende Reaktion hervor – er nahm sie ernst und endlich konnte er sie hören. Noch in derselben Nacht hörte er mit dem Trinken auf.

Und es kam noch besser: Neben seinem Trockenbleiben ereignete sich bald eine tiefere Veränderung in ihrem Miteinander. Sie gaben ihr gegenseitiges Klammern auf und ersetzten es durch die zarten Anfänge eines Zusammenlebens, das den anderen aus freien Stücken beschenkt. So öffnete sich ihnen ein Ausmaß an Glück, das sie nie für möglich gehalten hätten. Janets innerer Durchbruch – ihre wiederentdeckte Stärke, ihre Weisheit und ihre Entschlossenheit, die durch die buddhistische Ausübung freigelegt wurden – war der Schlüssel für einen lebensverändernden äußeren Durchbruch.

Ist es also die Schuld unseres Partners, wenn wir unglücklich sind? Oberflächlich gesehen vielleicht. Doch im Wesentlichen liegt es in unserer Hand: das Ausmaß, mit dem wir hartnäckig daran festhalten, dass unser Partner das letzte Wort über unser Glück hat – egal ob er dies überhaupt will oder nicht, und das Ausmaß, in dem wir glauben, dass wir so lange nicht glücklich sein können, bis uns ein anderer hilft oder dieser sein Verhalten ändert – wir bestimmen es.

Nun magst Du Dich fragen, was gewesen wäre, wenn Janets Mann nicht mit dem Trinken aufgehört hätte. Sie sagte, es hätte ihr um seinetwegen leid getan, doch sie sei entschlossen gewesen, glücklich zu sein, ob er nun damit aufgehört hätte oder nicht, auch dann, wenn es auf eine Trennung hinausgelaufen wäre. Sie war nicht länger bereit, ihr Glück von ihm und seinem Verhalten abhängig zu machen. Und sie erkannte, wie unglücklich sie mit ihrer Situation als Paar gewesen war. Diese Frau hatte die Macht über sich selbst abgegeben. Das Verhalten ihres Mannes war zum alles bestimmenden Faktor in ihrem Zusammenleben geworden. Ihr fester Entschluss, unter allen Umständen glücklich zu werden, befreite sie beide aus der Abhängigkeitsfalle.

In jeder Beziehung müssen wir unsere Macht über uns selbst behalten, ein starkes Selbstbewusstsein entwickeln und die Fähigkeit, von innen heraus glücklich zu sein. Wenn wir eigenständig auf dem festen Fundament unseres eigenen Glücks stehen, können wir gebende, vertrauensvolle Beziehungen suchen und nähren – Beziehungen, in denen wir unsere Liebe aus freien Stücken schenken, ohne Anhaftungen oder Erwartungen. Wir sind nicht aufeinander angewiesen. Wir sind nicht voneinander abhängig. Eine Beziehung zwischen zwei solchen Menschen bringt eine tiefe und beständige Liebe hervor.

Bevor wir losziehen und uns einen frei gebenden Partner suchen, müssen wir zuerst diese Fähigkeit in uns selbst entwickeln. Nur dann wird es gelingen, dieselbe Qualität auch in anderen hervorzubringen und zu nähren. Daisaku Ikeda schrieb in seinem Buch *The Way of Youth*: »Wir müssen es selbst erreichen. Und dies gelingt uns nur, wenn wir unseren Charakter und unsere Kapazität als Menschen entwickeln und unser volles Potenzial entfalten. Wenn wir unser Talent und unser Wachstum für die Liebe opfern, werden wir das Glück ganz bestimmt nicht finden.«[1]

Die richtige Beziehung finden: Sich um den Garten kümmern

Hier magst Du einwenden: »Ich habe gar nicht das Problem, eine kaputte Beziehung reparieren zu wollen. Mein Problem ist vielmehr, dass ich gar keine Beziehung habe.«

Das ist eine weitverbreitete Klage. Doch eigentlich haben wir alle jede Menge von Beziehungen und wir wissen nicht wirklich, in welche Richtung sie sich alle entwickeln. Man hört immer wieder Geschichten von Menschen, bei denen eine enge Freundschaft sich unerwartet in Liebe verwandelt oder aus einer beruflichen Bekanntschaft entsteht etwas Tieferes. Du kannst nie wissen, wo, wie oder wann die »Liebe Deines Lebens« erblüht.

Gelingende Beziehungen zu finden funktioniert nicht so wie Kleider shoppen, auch wenn die meisten Popsongs es so schildern: Mal ein paar Outfits anprobieren, bis wir das richtige finden, diejenigen, die dann doch nicht passen, wieder zurückgeben und später wegwerfen, wenn sie aus der Mode sind.

Vielmehr lässt sich dieser Prozess mit dem Einzug in ein neues Haus vergleichen, wo man hinten einen Garten findet, der lange nicht gepflegt wurde. Vorsichtig gießen wir die vielen unbekannten Pflanzen dort und warten geduldig, was für Früchte und Blüten in ihrem eigenen Tempo daraus entstehen. Ohne uns sicher zu sein, wie oder wann sie aufblühen werden, hegen und pflegen wir sie alle und freuen uns daran, zu entdecken, wie eine jede auf ihre eigene Weise erblüht. Das Ziel dabei ist: ein Meistergärtner in Sachen Beziehungen zu sein.

Genau wie das Gärtnern kann einem dieser Prozess sehr viel Freude und Befriedigung verschaffen. Zu erwarten, dass Beziehungen sofort Früchte tragen, ist unrealistisch und sogar schädlich für eine langfristige Bindung. Beziehungen sind wie Setzlinge – nähre sie alle und erfreue Dich daran, wie sie wachsen, blühen und Früchte tragen. Oft verwerfen wir Beziehungen im Setzlings-Stadium, bevor wir ihre Möglichkeiten überhaupt erkennen. Das bedeutet nicht, dass wir unseren Garten nicht fortlaufend weiter ausbauen könnten. Es wird immer weitere wunderbare Beziehungen geben, einen endlosen Nachschub, den wir entwickeln können. Doch anstatt ständig nach der »richtigen« Beziehung zu suchen, ist es viel wichtiger, die bereits bestehenden Beziehungen zu kultivieren. Irgendwo im Garten Deines Lebens warten unglaubliche Dinge darauf, blühen zu dürfen.

Während wir romantische Beziehungen eingehen, weil wir in die andere Person verliebt sind, ist es wichtig, alle unsere Beziehungen als fruchtbaren Boden für das Wachstum, die Reife und die Stärkung unseres Charakters zu behandeln. Die Selbstverwirklichung, die wir in einer guten Beziehung erleben, macht uns glücklich, nicht die Beziehung an sich. Diese Art von Wachstum und emotionaler Entwicklung nennt sich im Buddhismus *menschliche Revolution*, wobei die Ausübung des Buddhismus diese innere Transformation fördert.

Die chinesischen Schriftzeichen beschreiben »Transformation« als etwas, das sich im Raum zwischen Menschen ereignet. Transformation ist das Ergebnis von Interaktion mit anderen, begleitet von der Absicht, miteinander wachsen zu wollen. Unser Wachstum ist ein zwischenmenschlicher Prozess.

In der vorhin erzählten Geschichte war es die innere Transformation der Ehefrau, die zu einem positiven Ergebnis geführt hatte. Sie hätte sich auch einfach entscheiden können, ihren Mann zu verlassen. Doch hätte sie das getan, hätte sie sich um diese Möglichkeit für persönliches Wachstum gebracht, die zu noch größerem Glück und Erfüllung führte. Ohne dieses Wachstum hätte sie nur dieselben Illusionen und Schwächen in künftige Beziehungen gebracht – und das gleiche Leid immer wieder erlebt.

Die Selbsttäuschung namens »Außerhalb von mir suchen«

Die Hölle in Beziehungen entsteht beim Versuch, das Verhalten des anderen ändern zu wollen. Wenn wir unsere Eigenmacht anwenden und beginnen, in unserem Inneren glücklich zu werden, dann entwickeln wir auch die Fähigkeit, die Herzen anderer zu bewegen. Nur wenn wir damit aufhören, andere beherrschen zu wollen, gewinnen wir die Macht, sie tatsächlich zu beeinflussen. Hast Du beispielsweise jemals zu jemandem gesagt: »Du machst mich wütend, hör auf damit!«, wenn Dich sein Verhalten gestört oder frustriert hat? Dieser Satz »Du machst mich wütend« impliziert, dass Du keine Kontrolle über Deine Wut hast, sondern die anderen. Und da Du diese Kontrolle, diese Macht an sie abgegeben hast, müssten sie demnach ihr Verhalten ändern, wenn Deine Wut verschwinden soll. Doch weil Du natürlich keine Macht über deren Verhalten hast, gilt: Je mehr Du es versuchst, desto wütender wirst Du.

Nicht, dass jede Wut schlecht wäre. Es gibt natürlich echte Unrechtssituationen, in denen Wut völlig gerechtfertigt ist. Doch selbst in solchen Fällen ist Selbstbeherrschung der

Schlüssel, um Veränderungen zu bewirken. Der Buddhismus lehrt uns, dass wir in jeder Situation jeweils abhängig von den Entscheidungen, die wir treffen, uns als Reaktion darauf in einer der zehn Welten wiederfinden. Hölle, Hunger, Animalität, Ärger, Ruhe, Entzücken, Lernen, Erkenntnis, Bodhisattva oder Buddhaschaft. Zu erkennen, dass wir tatsächlich entscheiden und Verantwortung für diese Entscheidung übernehmen, verleiht uns die Kraft, unseren Lebenszustand zu wählen. Es gibt uns die Macht über unser eigenes Leben zurück.

Tims Erfahrung: Recht haben und trotzdem verlieren

Das Dilemma eines jungen Mannes, der den Buddhismus in Seattle praktiziert, mag dies verdeutlichen. Obwohl Tim eine intelligente, sympathische und erfolgreiche Persönlichkeit war, machte ihm die Beziehung zu seiner Frau sehr zu schaffen. Aufgrund von Indizienbeweisen war sie überzeugt davon, dass er fremdging – was er nicht getan hatte. Doch sie ließ sich nicht davon abbringen, im Gegenteil: Sein heftiges Abstreiten feuerte ihre Überzeugung nur weiter an.

Trotz seiner Intelligenz und seinem Scharfsinn kam er nicht dahinter, was die Wurzel seiner Probleme zu Hause war. Das hatte zur Folge, dass seine Ehe und seine Familie, die ihm alles bedeuteten, sich allmählich auflösten. Er war ständig wütend.

Den Ratschlägen von Freunden und Therapeuten folgend, drückte er diese Wut auch aus, behielt sie nicht für sich. Das verschlimmerte alles nur. Dann versuchte er, wieder den Ratschlägen anderer folgend, seinen Zorn in Zaum zu halten und ihn nicht rauszulassen. Auch das half nichts. Er schien dafür bestimmt, die wichtigsten Menschen in seinem Leben zu verlieren – aufgrund von »unversöhnlichen Differenzen«.

Tim stand kurz vor der Scheidung und der Trennung von seinen Kindern.

Für ihn war der springende Punkt, dass er »recht hatte«. Alle Auseinandersetzungen ließen sich darauf zurückführen, dass seine Frau die Geschehnisse falsch wahrnahm. Sie hatte einfach »unrecht«. Dennoch litt er. Und sie litt ebenfalls. Offenbar hatte der die Fähigkeit verloren, sein Leben zu verändern, oder genauer, seine Frau. Wie in der vorherigen Geschichte geschildert, versuchte auch er, den falschen Menschen zu verändern – auch wenn, oberflächlich gesehen, eine Veränderung aufseiten seiner Frau die einfachste Lösung gewesen wäre. Sein Frust rührte aus der Tatsache her, dass es nicht in seiner Macht stand, einen anderen Menschen zu verändern, so wie wir alle in so einem Fall machtlos sind. Was also tun?

Tim glaubte zutiefst daran, dass seine Frau ihn so wütend machte. In diesem Sinne war er von seinem »Rechthaben« geblendet. Der Gedanke, im Recht zu sein, war die Rechtfertigung für seine Wut und so konfrontierte er seine Frau immer wieder damit. Glücklicherweise suchte er mithilfe der Ausübung, des Studiums und von beratenden Gesprächen im Buddhismus nach einem tieferen Verständnis von all dem. Schließlich erkannte er, dass er »außerhalb seiner selbst suchte«.

Während er weiterhin Nam-Myoho-Renge-Kyo chantete, erkannte Tim schließlich, dass er in sich selbst nach einer Lösung suchen musste, in seinem eigenen Verhalten – dem einzigen Bereich, der wahrhaft in seiner Macht lag. Als er dies tat, sah er, dass er tatsächlich auch Verantwortung für die sich zuspitzende Situation trug. Seine Frau mochte zwar im Unrecht sein, doch gleichzeitig verschlimmerte er dieses Unrecht, indem er es noch mit seiner Wut spickte. Auf diese Weise gerieten selbst kleinere Missverständnisse zu

Vulkanausbrüchen, die meist noch von ihm geschürt wurden. Mit anderen Worten: Er hatte sowohl recht als auch unrecht. Er erkannte, dass die Anschuldigungen seiner Frau von einem Mangel an Vertrauen und Selbstwert herrührten, der sich durch seine Wutausbrüche nur noch verstärkte.

Nachdem er sich seinen Beitrag zu diesem Konflikt eingestehen konnte, konzentrierte Tim seine buddhistische Ausübung auf seine eigene Verantwortung, anstatt zu erwarten, dass seine Frau sich ändern möge. Zu dieser Zeit hatten sich seine Probleme bereits auf seine Arbeitsumgebung und seine Freundschaften übertragen. Er fand sich zunehmend in Situationen wieder, in denen er in Bezug auf bestimmte Vorkommnisse recht hatte – dabei aber immer wütender und einsamer wurde. Es ging nicht darum zu sagen, dass er im Unrecht war, wenn er doch wusste, dass er recht hatte, was ihm sowieso gegen den Strich gegangen wäre. Es ging vielmehr darum zu lernen, wie man mit Weisheit recht hatte.

Als er größere Weisheit und Selbstbeherrschung entwickelt hatte und dafür chantete, auf die Fehler der anderen mit Mitgefühl zu reagieren, fand er sich zunehmend verantwortlich für seine emotionalen Zustände. Er erkannte, wie töricht es war zu glauben, jemand anders könne ihn in Wut versetzen, wenn er entschied, anders zu reagieren. Als Ergebnis davon veränderte sich seine Beziehung, die kurz vor der völligen Zerrüttung gestanden hatte: Sie begann wieder zu gedeihen und erblühte schließlich in einer schönen, harmonischen Partnerschaft. Das Misstrauen seiner Frau verschwand zwar nicht über Nacht, doch es konnte seinem emotionalen Zustand nichts mehr anhaben. Da seine Wut, die das Misstrauen einst steigerte, nicht mehr vorhanden war, nahm es immer mehr ab, bis es kaum mehr merklich war und schließlich ganz verschwand.

Sich mit anderen zu vergleichen ist eine weitere Variante der Selbsttäuschung namens »außerhalb von mir suchen«. Ein altes Sprichwort sagt: »Ziehe keine voreiligen Schlüsse, denn nicht selten trügt der Schein.« Du kannst über das Leben eines anderen Menschen nicht viel wissen, wenn Du nach den äußeren Merkmalen gehst – ob es sich momentan gut oder schlecht entwickelt, ob es glücklich oder unglücklich ist. Den einzig sinnvollen Vergleich, den Du ziehen kannst, ist der zwischen deinem jetzigen Leben und dem von gestern, von letztem Monat oder letztem Jahr.

Die Wall-Street-Analysten vergleichen normalerweise auch nicht IBM mit General Motors oder Amazon mit Apple. Vielmehr vergleichen sie die Quartalsergebnisse desselben Unternehmens miteinander und bewerten, wie es sich im Vergleich zum Quartal davor und zum gleichen Zeitraum des Vorjahres entwickelt hat. Gleichermaßen gilt: Wenn die Dinge in Deinem Leben nun besser laufen als vorher, dann hast Du das beste aller Leben, ein sich verbesserndes, wachsendes Leben. Wie am Anfang des Buches bereits geschrieben: Du kannst über Dein Leben wenig in Erfahrung bringen, wenn Du das Leben der anderen betrachtest. Deshalb ist Wachstum so wichtig. Das Leben verändert sich ständig. Veränderung liegt in der Natur des Kosmos. Selbst wenn wir also Verhältnisse von vollständigem Glück schaffen könnten, lässt sich dies nur mit einem Blick nach vorne tun. Die Fähigkeit, mit allen äußeren Veränderungen wachsen zu können, ist das wahre Glück.

Letztlich können wir wahres Glück nur erreichen, indem wir unser Leben voll entwickeln. Der Versuch, jemand anderer zu sein oder jemand, von dem Du glaubst, dass jemand Dich gerne so hätte, ist ein Garantieticket ins Reich des Leidens. Sei Du selbst und sei es gut. Sei dort, wo Du bist, und sei dort gut.

Wenn Du ständig wächst und Dich weiterentwickelst, hast Du das großartigste Leben auf Erden, weil Du weißt: Morgen wird es noch besser als heute.

Die Schattenseite von Erwartungen

Erwartungen sind wichtig. Forschungsergebnisse zeigen eindeutig, dass sich Kinder nur so weit entwickeln, wie die Erwartungen der Erwachsenen in ihrer Umgebung reichen. Doch Erwartungen können auch die vollkommenste Beziehung zerstören. Wir hegen Erwartungen gegenüber anderen Menschen. Wir erwarten von ihnen, gute Ehemänner, gute Ehefrauen, gute Kinder, gute Freunde, gute Chefs und so weiter zu sein. Diese Erwartungen sind oft unrealistisch hoch, manchmal höher als die Erwartungen an uns selbst.

Stellen wir uns eine Beziehung vor, in der die anfängliche Leidenschaft langsam abkühlt. Braut und Bräutigam werden sich nun klar darüber, dass ihr jeweiliger Partner nicht vollkommen ist. Er oder sie ist, sagen wir mal, nur zu achtzig Prozent okay. Partner haben Macken und Unzulänglichkeiten wie wir alle, denken sie. Und weil ihnen der andere und ihr gemeinsames Glück etwas bedeuten, wollen sie sich bessern und erwarten das auch vom anderen. Jeder erwartet vom jeweils anderen, die Lücke zu schließen und der ideale Partner zu werden.

Von ihrer Liebe motiviert, erzählen sie sich gegenseitig, auf liebevollste und fürsorglichste Weise, von den fehlenden zwanzig Prozent. Beide glauben, dass die Liebe zwischen ihnen den anderen schon motivieren wird, sich mehr anzustrengen, um diese Lücke zu schließen. Weil die Liebe doch ihre Triebkraft ist und nur die besten Absichten am Werk sind, stellen sie nach einer positiven Anfangsphase überrascht fest, dass es immer schlechter läuft zwischen ihnen. Warum? Wo ist die Liebe nur geblieben?

Erscheint dieses Szenario vertraut? Kennst Du Paarbeziehungen, die in tiefster Liebe begannen und nur wenige Jahre später in bitterster Trennung endeten? Was war mit diesen Menschen passiert?

Jede Geschichte ist zwar einzigartig, doch mindestens eine gemeinsame, aber subtile Selbsttäuschung ist hier am Werk. Eine Selbsttäuschung, die uns alle in unseren Beziehungen mit wichtigen Menschen herausfordert, seien es Kinder, Verwandte oder Freunde. Das Problem ist, dass wir zwar beseelt sind von besten Absichten, der betreffende Mensch aber ständig nur Genörgel und Kritik zu hören und unsere Enttäuschung zu spüren bekommt. Und da dies nicht besonders ermutigend ist, wird – trotz all der Liebe in unserem Herzen – der andere immer verschlossener oder gar rebellisch. Das Problematische dabei ist: Auch wenn wir das Herz am rechten Fleck haben, mangelt es uns an Weisheit. Motiviert zu sein von Liebe, aber ohne Weisheit, führt nur zu Reaktionen, die das Gegenteil von dem sind, was wir erwarteten. Wenn diese Abwärtsspirale einmal in Gang gekommen ist, lässt sie sich leider kaum mehr umkehren.

Menschen reagieren schlecht auf ständige Kritik und Negativität. Bedeutet das nun, dass wir uns mit weniger zufriedengeben müssen? Nein. Es bedeutet wieder einmal, dass wir den Falschen ändern wollen.

Wenn wir wollen, dass andere mehr für uns tun, müssen wir sie loben und wertschätzen für das, was sie schon jetzt für uns tun. Mit anderen Worten: Es sind die achtzig Prozent, die bereits geschehen, auf die wir unseren Fokus richten sollten, nicht die zwanzig Prozent, die fehlen! Menschen mögen Lob und Wertschätzung und dafür strengen sie sich an. Wer diese beiden Aspekte zur Grundlage all seiner Beziehungen macht, kann einen starken und ermutigenden Einfluss ausüben. Für unseren »Beziehungsgärtner« sind sie wie Sonnenlicht und Wasser. Die Menschen werden sich bemühen und wachsen, wenn sie gelobt und wertgeschätzt werden.

Kritik und Enttäuschung schaffen eine dunkle Umgebung, einen Garten, in dem Beziehungen nicht gedeihen können. Es ist eine große Illusion zu glauben, dass andere sich durch Kritik motivieren lassen. Nichiren schrieb: »Wenn man gelobt wird, dann denkt man nicht an sein persönliches Risiko; wenn man kritisiert wird, kann man leichtfertig seinen eigenen Ruin herbeiführen. So sind gewöhnliche Sterbliche.[2]«

Arbeit und Beruf

Unsere Arbeit und die Beziehungen, die wir dort knüpfen, sind ein wichtiger Schauplatz im Ringen um die eigene Erleuchtung. Im gewissen Sinne sind alle Angelegenheiten rund ums Arbeitsleben ein Experimentierfeld für unsere Ausübung. Welchen Beruf man ergreift, hat wenig zu tun mit dem eigenen Glück. Nicht WAS wir für unseren Lebensunterhalt tun, macht den Unterschied, sondern WIE wir es tun, ob wir uns in dieser Arbeit als nützliche Wesen erkennen und Sinn in ihr finden. Daher sollten wir zwar ausgiebig für einen Berufsweg chanten, der unserem Herzen entspricht, wenn es darum geht, ein glückliches Leben aufzubauen, ist es zu einem gewissen Grad unnötig, uns bei der Entscheidungsfindung für den richtigen Beruf selbst zu quälen.

Damit sei nicht geleugnet, dass es in der Arbeitswelt jede Menge unglückliche Menschen gibt, denn es gibt sie. Doch daran ist nicht die Arbeit schuld. Es sind die Menschen mit ihrer Haltung und ihren Glaubenssätzen über die Arbeit, die einem glücklichen, erfüllten Berufsleben abträglich sind.

Tsunesaburo Makiguchi*, der erste Präsident der Soka Gakkai, lehrte drei Arten von Wert: Schönheit, Nutzen und Güte. Der vollkommene Beruf hätte alle drei. In der Arbeitswelt bedeutet der Wert »Schönheit« eine Arbeit, die Du magst. Der Wert »Nutzen« bedeutet ein Einkommen, das Dein Leben erhält und unterstützt. Der Wert »Güte« bedeutet eine Arbeit, die anderen hilft und einen Beitrag für die Allgemeinheit leistet.

Der ideale Beruf oder Job wäre also einer, den Du magst, der Dir finanzielle Sicherheit gibt und einen Beitrag für die Gesellschaft leistet. Klingt gut. Ist aber in Wirklichkeit selten der Fall. Nicht viele finden gleich von Anfang an den perfekten Job. Einige mögen einen Job haben, der ihnen gefällt, aber er ernährt sie nicht. Oder ihr Job ist gut bezahlt, aber sie hassen ihn. So laufen die Dinge eben manchmal. Einige entdecken vielleicht, dass der vermeintliche Traumberuf doch nicht so gut zu ihnen passt wie ursprünglich erträumt.

Um im Beruf Erfüllung zu finden, lautet der wichtigste Rat: Mach Dich, wo immer Du gerade bist, unentbehrlich. Der beste Weg zum besten Job ist, der beste Mitarbeiter zu werden. Nicht gute Umstände machen gute Leute, sondern gute Leute schaffen eine gute Arbeitsatmosphäre.

In dem Lernprozess, auf der Arbeit eine beispielhafte Person zu werden, tauchen automatisch Chancen auf und öffnen einen Weg, der in die nächste Lebensphase führt, in der

*Die Laienorganisation der Nichiren Buddhisten in Japan (in Kapitel 8 finden Sie Informationen über die deutsche Organisation, die SGI-D)

Du ebenfalls Dein absolut Bestes tust. Solche fortwährenden Anstrengungen bringen Dich garantiert zu Jobs, die Du magst, die dich im Leben unterstützen und dir helfen, einen Beitrag für die Gesellschaft zu leisten. Wenn Du dann auf alles zurückblickst, wirst Du erkennen, dass alle Anstrengungen von damals zu wertvollem Kapital auf Deinem jetzigen Beschäftigungsfeld geworden sind. Dann erkennst Du, dass alle Bemühungen und all die harten Zeiten nicht umsonst waren.

Im Immobiliengeschäft sagt man, die wichtigsten drei Dinge seien: Lage, Lage, Lage. Für das Glück am Arbeitsplatz lauten die drei wichtigsten Dinge: Haltung, Haltung, Haltung. Dem ersten wichtigen Prinzip für den Erfolg im Beruf, sich unentbehrlich machen, möchten wir ein zweites hinzufügen: Harmonie am Arbeitsplatz schaffen.

Beim Arbeiten in einer Firma, die eine Gesellschaft oder Gemeinschaft für sich darstellt, ist es wichtig, harmonische Beziehungen mit allen Kollegen herzustellen sowie auch mit Deinen Vorgesetzten und denen, die unter Dir arbeiten – und dies alles unter stetigem Einsatz von Weisheit und Diskretion. Wenn Du durch selbstsüchtiges, egoistisches Verhalten den Unmut der Kollegen auf Dich ziehst, dann wirst Du ein Verlierer, sowohl auf der Arbeit als auch in der Gesellschaft. Weisheit, wozu auch Takt gehört, ist entscheidend für den Erfolg im Beruf.

Brandons Erfahrung: »Schlechtes Geld-Karma«

Vor einigen Jahren suchte ein junger Mann um die dreißig Rat bei einem Mitbuddhisten: Er wolle sein »schlechtes Geld-Karma« verändern. Er war verzweifelt. Er hatte kürzlich gekündigt, stand nun davor, sein Haus zu verlieren, und seine Frau überlegte sich ernsthaft, ihn wegen seiner finanziellen

Verantwortungslosigkeit mitsamt Kindern zu verlassen. Er brauchte sofort einen Job, und zwar einen, in dem er viel Geld verdiente. So viel war klar für ihn. Er wollte wissen, wie er denn chanten sollte, um dieses Ziel zu erreichen.

Brandon wurde gesagt, dass das Chanten von Nam-Myoho-Renge-Kyo kein Zauberspruch sei wie Abrakadabra, auch wenn es manchmal so scheinen möge. Das sei Märchen-Buddhismus. Diese Neuigkeit überraschte und entmutigte ihn ein wenig. Dann wurde er gefragt, was er denn bisher gemacht habe und wie es zu einer solchen Krise gekommen sei. Brandon räumte ein, dass er bislang keine Stelle für längere Zeit halten konnte.

In weniger als zehn Jahren hatte er acht verschiedene Jobs. »Warum habe ich ein solch schlechtes Job-Karma?«, fragte er sich. »Die Jobs, die ich kriege, sehen am Anfang immer gut aus, aber aus irgendeinem Grund haut es nie hin. Wie kann ich dafür chanten, dass ich einen besseren, dauerhaften Job bekomme?«

Jedes Mal, wenn er gefeuert worden war oder er gekündigt hatte, war es wegen eines Chefs gewesen. Er kam einfach mit Vorgesetzten nicht gut klar. Konnte Brandon darin ein wiederkehrendes Muster erkennen?

»Klar«, sagte er, »ich möchte echt mal wissen, warum ich so ein schlechtes Chef-Karma habe. Jeder Chef, den ich gehabt habe, war autoritär und es war unmöglich, mit ihm zu arbeiten. Wie kann ich dafür chanten, einen besseren Chef zu kriegen?«

Brandon war ein hervorragend ausgebildeter Programmierer mit exzellenten Referenzen. Sein buddhistischer Vertrauter erzählte ihm von dem kleineren Selbst und der Rolle, die es beim Zerstören von harmonischen Beziehungen spielte. Er erklärte, dass es zu den wichtigsten Qualitäten eines Mitarbeiters gehörte, mit anderen gut zusammenzuarbeiten und von Vorgesetzten Anweisungen anzunehmen, schließlich bestimmten sie, ob direkt oder indirekt, was auf dem Gehaltszettel stehe.

Sein buddhistischer Berater erklärte ihm, dass dieses Muster aus gescheiterten Anstellungsverhältnissen, schlechten Chefs und finanzieller Instabilität symptomatisch ist für Menschen, die sich nicht über Meinungsunterschiede erheben können, um mit anderen gut zusammenzuarbeiten. Dies war eine gewichtige Aussage, konnte er doch seine arrogante, zornerfüllte Natur erkennen und zugeben, dass dies seit seiner Kindheit ein Problem war.

Dann sagte er: »Ich habe mir schon überlegt, mich selbstständig zu machen. Dann muss ich für niemanden arbeiten. Wie kann ich dafür chanten?« Warnend wurde er darauf hingewiesen, dass eine eigene Firma sogar noch bessere zwischenmenschliche Fähigkeiten erforderte. Ob er nun für die eigene Firma oder für eine andere arbeitete, er müsse unbedingt aus seiner Selbstbezogenheit ausbrechen und lernen, andere zu respektieren und die eigene Arroganz zu überwinden. Wenn ihm dies gelänge, könne er seine berufliche Situation verändern – und im gleichen Atemzug seine Probleme zu Hause, denn sie hätten die gleiche Wurzel.

Sein buddhistischer Freund riet auch hier zur Vorsicht: Er werde todsicher wieder in einen Job geraten und dann denken, das sei nichts für ihn und er solle lieber kündigen oder mit dem Management auf Konfrontation gehen – sein bisheriges eingefahrenes Verhalten also. Wenn dies passiert, so lautete der Rat, tue erst einmal nichts. Warte ab und chante.

Und genauso kam es: Drei Monate später war Brandon schon wieder kurz davor, eine weitere Stelle zu kündigen.

Sein buddhistischer Mentor riet ihm, seine Entscheidung um zwei Wochen zu verschieben und sich in dieser Zeit mithilfe seiner buddhistischen Ausübung mit der Entschlossenheit zu bemühen, seine Arroganz dahingehend zu überwinden, dass er seinen Chef respektieren und ihm zuhören konnte. Brandon wurde ermutigt, jemand zu werden, der im Unternehmen unentbehrlich ist. Er befolgte den Rat und zu seiner größten Überraschung wurde er nicht gefeuert, sondern erhielt eine Beförderung. Dank seiner neu gefundenen Stabilität am Arbeitsplatz verbesserte sich allmählich seine finanzielle Situation, er und seine Frau versöhnten sich – und schließlich kauften sie sich ein neues Haus.

Das alles passierte nicht wie ein Wunder über Nacht. Es war das Ergebnis einer subtilen, aber mächtigen inneren Veränderung, die durch die buddhistische Ausübung herbeigeführt wurde und sich allmählich in Brandons Umgebung manifestierte. Dies ist die Kraft der menschlichen Revolution.

Beziehungen als Entwicklungsmöglichkeit

All unsere Beziehungen haben ein gemeinsames Fundament – uns selbst! Der innere Zustand unseres eigenen Lebens wird unsere sämtlichen Beziehungen beeinflussen. Was wir im Laufe irgendeiner Beziehung lernen, wird sich auch auf alle anderen übertragen. So wie die drei Gifte – Gier, Ärger und Torheit – sich in allen unseren Beziehungen manifestieren, so werden auch alle Beziehungen verbessert, wenn wir durch die buddhistische Ausübung unser Leben reinigen. Was in einem Lebensbereich zum Tragen kommt, wird sich auch in allen anderen Bereichen zeigen.

Menschen, die sich dahingehend herausfordern, glückliche, harmonische Familien zu entwickeln, werden die Wohltaten ihrer Bemühungen zeitgleich woanders erleben, zum Beispiel durch Verbesserungen an ihrem Arbeitsplatz. Gleichermaßen werden jene, die ihr kleineres, egoistisches Selbst im Job überschreiten lernen, auch im Privaten reichen Lohn dafür ernten.

In der buddhistischen Ausübung geht es um die Entwicklung des eigenen Charakters. Und Beziehungen sind das Forum, das Klassenzimmer, in dem wir lernen, wie das geht.

○○○

6 Buddhismus und Gesundheit

Gesundheit ist so notwendig
für alle Pflichten und Freuden des Lebens,
dass sie zu verschleudern
so verbrecherisch wie dumm ist.
– Samuel Johnson

Nam-Myoho-Renge-Kyo
ist wie das Brüllen eines Löwen.
Welche Krankheit kann
daher ein Hindernis sein?
– Nichiren

Shakyamuni Buddha war zwar kein Arzt, dennoch wurde er oft »der große Medizinkönig« genannt. Durch Kontemplation gelangte er zu der Erkenntnis, dass die Erleuchtung – auch Buddhaschaft genannt – die letztliche, höchste Medizin ist. Ihre Werte und Tugenden bringen nämlich die innere Weisheit und Lebenskraft hervor, die für die Heilung unserer körperlichen wie seelischen Krankheiten nötig sind. Daher ist es das Hauptziel der buddhistischen Medizin, den Menschen bei der Entwicklung ihrer Selbstheilungskräfte zu helfen. Dies geschieht, indem die Erleuchtung durch die eigene buddhistische Ausübung immer weiter vervollkommnet wird.

Dieser Ansatz findet auch über die Ausübenden des Buddhismus hinaus immer mehr Beachtung. In der Charta der Weltgesundheitsorganisation (WHO) heißt es in der Präambel: »Gesundheit ist ein Zustand vollkommenen physischen, geistigen und sozialen Wohlbefindens und nicht bloß das Fehlen von Krankheit und Gebrechen.«

Wir sind alle Menschen aus Fleisch und Blut. Daher steht fest: Niemand kann zu jeder Zeit Krankheit vermeiden. Doch die Wurzeln von Krankheit sind in den Tiefen unseres Daseins angelegt. Aus buddhistischer Sicht kann Krankheit unser Glück nicht zerstören (es sei denn, wir lassen zu, dass es geschieht). Weil die Ursache für Krankheit in unserem Inneren angelegt ist, findet sich dort auch die elementare Lösung für Genesung und Gesundheit. Es ist wichtig, sich daran zu erinnern. Es gibt also keinen Grund, sich von der Krankheit vereinnahmen zu lassen, keinen Grund, dass sie uns mit Leid, Angst oder Stress erfüllt.

Der Buddhismus lehrt uns, dass wir die Kraft besitzen, einen negativen Zustand nicht nur in einen neutralen zu verwandeln, sondern vielmehr darüber hinausgehen und sogar einen positiven Zustand erreichen können. Wir können das Leid der Krankheit überwinden. Indem wir das tun, bereichert die Krankheitserfahrung sogar unser Leben und macht es umso lohnender. Sie liefert das Rohmaterial für das großartige Abenteuer der Erfüllung, das sich jeden Tag neu erleben lässt.

Helen Keller schrieb in ihrer Autobiografie *The Story of My Life*: »Alles hat seine Wunder, selbst die Dunkelheit und die Stille, und ich lerne, egal, in welchem Zustand ich mich gerade befinde, darin zufrieden zu sein.« So wie echtes Glück nicht einfach die Abwesenheit von Problemen ist, sondern ein innerer Lebenszustand, mit dem wir alle Glückshindernisse herausfordern können, so ist Gesundheit auch nicht einfach die Abwesenheit von Krankheit. Vielmehr ist sie ein Seinszustand, mit dem wir Krankheiten und alle anderen Gesundheitshindernisse überwinden können. Das Wichtigste dabei ist die Frage: Können wir die Krankheit besiegen, wenn sie denn auftritt, oder besiegt die Krankheit uns? Der Buddhismus führt uns zu der Quelle von Weisheit und Lebenskraft, die es zum Besiegen von Krankheit braucht. Weil sowohl Gesundheit als auch Krankheit als Potenzialitäten in uns vorhanden sind, können wir uns selbst krank machen – und gesund.

Eine Nachrichtenmeldung vor gar nicht allzu langer Zeit mag diese Wahrheit verdeutlichen:

Auf einem Highschool-Football-Turnier erkrankten ein paar Menschen mit Symptomen einer Lebensmittelvergiftung. Erste Nachforschungen erbrachten den Hinweis auf verunreinigte Softdrinks als Ursache. Folglich wurde der Kiosk geschlossen und per Durchsage verkündet, man solle die Limonaden nicht trinken. Kurz darauf fingen Menschen im ganzen Stadion an, sich zu übergeben und in Ohnmacht zu fallen. Viele eilten von der Tribüne direkt zum Arzt oder in eine Notaufnahme. Über hundert Menschen wurden stationär aufgenommen.

Tags darauf stellte sich heraus, dass die Softdrinks nichts mit der Erkrankung der anfänglich Betroffenen zu tun hatten – sie hatten sich einfach einen grippalen Virus zugezogen. Kaum hatte diese Nachricht die Runde gemacht, wurden die anderen erkrankten Zuschauer auf »wunderbare Weise« wieder gesund. Die Symptome verschwanden einfach und selbst jene, die ins Krankenhaus mussten, standen aus dem Bett auf und gingen. Es war also kein Krankheitserreger schuld, sondern allein ein Gedanke, ausgedrückt durch Worte, der einen unmittelbaren und dramatischen Effekt hatte: Er ließ die Leute krank werden und dann wieder gesund.

Ein junger Mann mit einer starken buddhistischen Ausübung und hervorragender medizinischer Behandlung wurde nach einer Krebserkrankung nicht nur einmal, sondern zweimal wieder gesund. Als sein Krebs jedoch zum dritten Mal ausbrach, wurde ihm gesagt, er sei unheilbar und er habe nur noch wenige Monate zu leben. Er hatte seinen Krebs zwar schon zweimal niederringen können, doch diese Prognose war zu viel für ihn und sein Gesundheitszustand verschlechterte sich rapide. Freunde, Verwandte, selbst seine Ärzte dachten, er würde nun definitiv sterben. Doch dann stellte sich schockierenderweise heraus, dass die Blutproben verwechselt worden waren, und ihm wurde mitgeteilt, in seinem Körper gebe es keine Spur von Krebszellen. Er erholte sich schnell und gewann seine alte Stärke wieder.

So stark ist die Kraft des Glaubens, ist die Kraft dessen, was passieren kann, wenn wir von einer Krankheitsdiagnose stark beeinflusst werden, und was passieren kann, wenn wir uns wieder fangen und unsere Ressourcen sammeln und vereinen, um die Krankheit zu besiegen.

Auf ähnliche Weise lässt sich die Kraft des Glaubens anhand des sogenannten Placeboeffekts verdeutlichen. Die medizinische Forschung hat schon seit langer Zeit bewiesen, dass inaktive, also an sich wirkungslose Substanzen, eine positive Wirkung bei Patienten haben können, wenn sie ihnen im Glauben verabreicht werden, sie erhielten nun höchst wirksame Medizin. In jeder Studie zeigte eine hohe Prozentzahl von Patienten, denen Zuckerpillen statt Medi-kamente gegeben wurden, Anzeichen von Besserung. Bemerkenswert dabei ist Folgendes: Wenn ihnen gesagt wurde, wie sie sich nach der Einnahme fühlen würden, stellte sich bei ihnen genau die vorhergesagte Wirkung ein.

Die buddhistische Sicht von Krankheit

Gesund zu bleiben und Krankheit zu überwinden – dies beginnt mit unserem Verständnis der wahren Natur unseres Selbst. Krankheit kann eine Gelegenheit sein, das Fundament des Glücks sogar noch zu stärken, indem sie uns durch bedeutende, wenn auch oft schwierige Lebensveränderungen führt. Nichiren drückte es so aus: »Krankheit erzeugt die Entschlossenheit, den Weg zu erlangen.«[1]

Das bedeutet nicht, die Segnungen der modernen Medizin durch irgendeine Art von Selbstheilung zu ersetzen. Der Nichiren-Buddhismus schlägt stattdessen drei Leitlinien für die Heilung von Krankheiten vor: einen guten Arzt suchen, gute Medikamente bekommen und ein hervorragender Patient sein. Mit Letzterem meint Nichiren einen inneren Zustand. Für ihn ist das Chanten von Nam-Myoho-Renge-

Kyo das Beste, was wir für die Reinigung unseres Lebenszustands tun können. Er schrieb: »Nam-Myoho-Renge-Kyo ist wie das Brüllen eines Löwen. Welche Krankheit kann daher ein Hindernis sein?«[2]

Das Chanten von Nam-Myoho-Renge-Kyo ist eine Quelle für die Weisheit, den richtigen Arzt zu finden, und für die Lebenskraft, die es braucht, um Medikamente wirksam zu machen. Das Chanten von Nam-Myoho-Renge-Kyo ist Heilenergie pur.

Der Heilprozess beginnt mit einer Stärkung des Selbstvertrauens, mit der Du Dir sagen kannst: »Ich kann meine Krankheit besiegen. Ich kann das Gift in meinem Körper in Medizin verwandeln.« Wenn unser innerer Zustand von Niedergeschlagenheit geprägt ist, dann wird die Krankheit unseren Heilungswillen besiegen. Wenn er von Kampfgeist geprägt ist, der es mit dieser Herausforderung aufnimmt, dann haben wir dadurch unsere Heilungschancen maximiert.

Die Einheit von Geist und Körper – die wissenschaftliche Sicht

Es gibt eine steigende Anzahl von wissenschaftlichen Beweisen dafür, dass es eine starke und untrennbare Beziehung zwischen den Funktionsweisen des Geistes und denen des Körpers gibt. Der Glaube an eine dualistische Trennung von Körper und Geist, der die frühe Medizin so stark geprägt hatte, weicht allmählich einer tieferen Sichtweise, die der buddhistischen Sicht von der Einheit von Körper und Geist sehr nahekommt.

Eigentlich lässt sich das japanische Wort, das wir hier mit »Einheit« übersetzt haben, besser als »zwei und doch nicht zwei« verstehen (wie auf S. 78 erklärt). Das heißt, Körper und Geist erscheinen zwar auf einer bestimmten Ebene als zwei getrennte Phänomene, auf einer tieferen Ebene jedoch sind sie nicht zwei, sondern eins.

Wie funktioniert nun diese Einheit von Körper und Geist? Wissenschaftler stellten fest, dass unser Gehirn die Reize aus unserer Umwelt dahingehend verarbeitet, dass es komplexe bioelektrische und biochemische Prozesse im Körper auslöst, die wiederum ein bestimmtes Verhalten auslösen. Im Fall einer Krankheit läuft dies etwa so ab:

Wenn unser Gehirn einen Reiz aus der Umwelt wahrnimmt und verarbeitet – ob bewusst oder unbewusst –, dann wird dieser Prozess stark von unseren Glaubenseinstellungen, Ideen und Erwartungen beeinflusst. Dies löst eine komplexe biologische Reaktion aus – zum Beispiel im Hypothalamus, als neuroendokrine Reaktion oder als Hormonausschüttung –, die wiederum die Immunreaktion unseres Körpers beeinflusst und damit die »Fähigkeit«, wie er mit Krankheit umgeht. Das Ergebnis davon sind die körperlichen Symptome, Reaktionen und das tatsächliche Erleben von Krankheit: laufende Nase, Kopfschmerzen, steife Gelenke.

Da die Vorstellungen im Kopf, die Erwartungen und Glaubenssätze einen starken Einfluss auf die Körperfunktionen ausüben, wird sich eine verzerrte Denkweise, die auf Täuschungen beruht, unweigerlich und stark auf die eigene Gesundheit und die Fähigkeit zur Krankheitsbewältigung auswirken.

Psychologen haben einige Lebensansichten bestimmt, die die Gesundheit untergraben, die Krankheitsbewältigung des Körpers behindern und zu psychischen wie mentalen

Störungen führen können, beispielsweise Depressionen, Panikattacken oder Angstzustände. Dazu gehört unter anderem, andere für die eigenen Schmerzen verantwortlich zu machen, die Motive und Taten der anderen, die Du gar nicht kennen kannst, als negativ Dir gegenüber zu interpretieren, zu glauben, dass andere mehr über Dich nachdenken, als es tatsächlich der Fall ist, oder aus bestimmten Einzelereignissen oder begrenzten Informationen fatalistische allgemeingültige Schlüsse zu ziehen.

Daraus folgt: Neben der medizinischen Behandlung ist eine Veränderung des eigenen Denkens entscheidend für das Besiegen einer Krankheit. Die Herausforderung dabei besteht nicht nur darin, verzerrtes Denken festzustellen, sondern dieses Denken zu verändern und einen Paradigmenwechsel in sich selbst herbeizuführen. Es ist die buddhistische Ausübung, mit der uns dieser Paradigmenwechsel gelingt.

Die buddhistische Sicht von Körper und Geist

Aus der Perspektive des Buddhismus beginnt Gesundheit mit dem Verstehen, was die wahre Natur der Beziehung von Körper und Geist ist. Krankheit ist nicht nur ein körperliches Phänomen – sie kann auch das Spiegelbild eines geistigen Ungleichgewichts in unserem Leben sein.

Der Buddhismus erklärt schon seit Tausenden von Jahren die Körper-Geist-Beziehung auf eine Weise, die derjenigen aus der neuesten medizinischen Forschung bemerkenswert ähnelt. Der chinesische Lehrer Tiantai (siehe Kapitel 1) nannte fünf Komponenten, die uns alle einzigartig machen:

(1) Form – unser Körper –, (2) Wahrnehmung, (3) Vorstellung, (4) Wille und (5) Bewusstsein. Wir alle haben eine einzigartige Form. Wir alle nehmen die Dinge subjektiv wahr und kommen dabei zu Schlussfolgerungen, die sich manchmal weit von denen anderer unterscheiden, die gerade dieselben Phänomene erleben. Auf der Grundlage dieser Schlussfolgerungen handeln wir. All dies wird stark von dem Ausmaß beeinflusst, in dem wir uns der Realität der Dinge bewusst sind.

Angenommen, eine Frau geht spät nachts eine dunkle Straße hinunter und sieht im Augenwinkel ein leichtes, weißes Etwas in einem Baum hängen. Die Frau erkennt schnell, was es ist, und denkt sich: »Da ist wohl jemandes Wäsche heruntergefallen.« Ein paar Augenblicke später kommt ein Mann am selben Baum im Dunkeln vorbei, erschrickt heftig, weil er einen Geist zu sehen glaubt, bekommt einen Herzinfarkt und fällt tot um. Was hat ihn getötet? Sicher nicht das Wäschestück im Baum, sondern seine Fehlwahrnehmung der Situation und die Schlussfolgerung, er sei tödlich bedroht, der Fluchtreflex, der zu einer plötzlichen Erhöhung des Adrenalinspiegels und Blutdrucks führte, und die Auswirkungen all dessen auf sein körperliches Wohlbefinden.

Im Buddhismus streben wir danach, verzerrte Lebensansichten durch Weisheit zu ersetzen. In seinem *Buch vom Glück* schreibt Daisaku Ikeda:

> Innere Stabilität entsteht, wenn wir die Buddhaschaft in uns fördern, die solchen negativen Einflüssen entgegenwirkt und die vorherrschenden Elemente in unserem Leben harmonisiert.
>
> Diese Buddhanatur ist die sich selbst regulierende – oder alles-regulierende – Essenz des Lebens, also die

> reine Lebenskraft. Wenn wir diese Lebenskraft aktivieren – durch Chanten von Nam-Myoho-Renge-Kyo, wie Nichiren lehrte –, bringen wir uns in Einklang mit dem Universum und fördern unsere Vitalität und innere Stärke. Das ist das buddhistische Ideal einer guten Gesundheit.[3]

Anders ausgedrückt, bringen wir, indem wir Nam-Myoho-Renge-Kyo chanten, aus unserem Leben den Buddhazustand hervor, der voller Weisheit und Mitgefühl ist. Wir können dann auf positive Weise über unsere Glaubenssätze und Handlungen nachdenken, womit wir dann unser Leben korrigieren und reformieren können. Wir können die negative karmische Kette von Gedanken und Taten durchbrechen und dadurch unser Leben in eine positive und lebensbejahende Richtung steuern. Unser Lebenszustand bewegt sich allmählich von negativen zu positiven Tendenzen.

Einen gesunden Lebenszustand zu haben – das ist die Grundvoraussetzung für einen gesunden Körper und einen gesunden Geist. Nichiren schrieb es so: »Die Einheit von Körper und Geist ist ein unübertroffener Lebensweg.«[4]

Die Lösung liegt also darin, uns von unserem Verhaftetsein in Sichtweisen zu befreien, die verzerrt und lebensverneinend sind. Dazu noch einmal Nichiren: »Deshalb müssen Sie schnell die Grundsätze verändern, die Sie in Ihrem Herzen hegen, und das Eine Wahre Fahrzeug annehmen, die einzige gute Lehre [des Lotos-Sutra]. (…) dann wird Ihr Körper Frieden und Sicherheit finden und Ihr Geist wird ruhig und sorglos.«[5]

Die Selbsttäuschungen, die unseren Kampfgeist gegen Krankheit schwächen, in den Griff zu bekommen – das ist wesentlich für die Entwicklung und Aufrechterhaltung der eigenen Gesundheit. Während die Wissenschaft allmählich den Zusammenhang zwischen unserer geistig-spirituellen Verfassung und unserer Gesundheit erkennt, hat sich der Buddhismus schon seit Jahrtausenden mit ihm beschäftigt. Seine Schlussfolgerung dabei ist, dass wir aus unserem eigenen Leben heilende Medizin hervorbringen können.

In Dir liegen, noch fest verschlossen, die großen Schätze der Buddhanatur – Weisheit, Mitgefühl und Mut. Wenn Du Dich diesem Medizinschrank zuwendest, dann bist Du buchstäblich der Buddha im Spiegel. Medizinisch ausgedrückt: Jeder Mensch ist ein pharmazeutisches Labor – also in der Lage, sich die Wirkstoffe selbst herzustellen, um sich die Krankheit vom Leib zu halten. Und noch dazu ist jeder Mensch ein Lagerhaus für alle positiven menschlichen Emotionen, die unsere Fähigkeit beeinflussen, Krankheit zu bekämpfen. Der Schlüssel für dieses Lagerhaus? Das Chanten von Nam-Myoho-Renge-Kyo.

Alberts Erfahrung: Sieg über HIV – ein Medizinisches Rätsel

Den Abend des 20. Februar 1986 wird Albert nie mehr vergessen. Auf seinem Nachhauseweg von der Arbeit ging er noch in einen Laden, um ein paar Lebensmittel zu besorgen. Als er den Laden wieder verließ, wurde er überfallen und mit einer Injektionsnadel gestochen, zweimal in den Oberschenkel und einmal in den Nacken. Das alles für einen 5-Dollar-Schein und ein paar Münzen.

Er wurde ins Krankenhaus gebracht, wo seine Wunden versorgt wurden. Wegen der Einstiche war sich der Arzt über eine mögliche HIV-Infektion im Klaren, doch zu jener Zeit konnte er nicht mehr tun, als Albert zu raten, auf seine Gesundheit zu achten und sich regelmäßig untersuchen zu lassen.

Dreizehn Jahre ergab die Blutuntersuchung, dass er HIV-positiv war. Als er davon erfuhr, war er voller Angst und fragte sich, ob er dieser Krankheit gewachsen sei. Wie lange würde er leben? Würde er die Medikamente mit ihren Nebenwirkungen vertragen?

In den Jahren seit dem Raubüberfall hatte er mit der Ausübung des Nichiren-Buddhismus begonnen. Nun richtete er sein Chanten noch intensiver auf seine Gesundheit und sein Wohlbefinden aus. Die ständige Ermutigung von seinen Mitbuddhisten spornte ihn an, sich konzentriert in seiner Ausübung anzustrengen. Dadurch konnte er sein Selbstvertrauen, seinen Mut und seinen Kampfgeist gegen diese Krankheit aufrechterhalten. Natürlich gab es auch dunkle Tage, doch im Großen und Ganzen blieb Albert positiv und hoffnungsvoll. Er war entschlossen, diese Krankheit zu überwinden.

Schließlich wurde bei ihm ein voll ausgebildetes AIDS diagnostiziert. Bald darauf wurde er wegen einer Lungenentzündung ins Krankenhaus eingeliefert. Sein Gewicht sank von 73 Kilo auf 53. Sein Arzt begann mit der Gabe von drei Medikamenten. Albert selbst forschte ständig über dieses Thema nach, begann sich gesund zu ernähren und trank verschiedene Kräutertees, die die Nebenwirkungen minimierten.

Während dieser schwierigen Zeit sagte er seinem Arzt, er habe sich zwei Ziele gesetzt: sein Gewicht von 73 Kilo wiederzuerlangen und seine Viruslast zu reduzieren, also die Menge an HI-Viren in seinem Körper, und zwar bis zu einem Grad, dass das Virus nicht mehr nachweisbar war. Und das in zwei Monaten. Sein Arzt sagte, dass dies mindestens sechs bis acht Monate bräuchte wenn er überhaupt noch so lange lebte.

Er kämpfte weiterhin mithilfe der buddhistischen Ausübung gegen seine Krankheit. Um sein Ziel zu erreichen, chantete er nie weniger als eine Stunde am Tag, besuchte buddhistische Versammlungen und studierte die Schriften und Lehren Nichirens jeden Abend. Durch diese Handlungen bekam er noch mehr Selbstvertrauen, er war fest entschlossen, seine Lage zu verändern. Außerdem entwickelte er in sich noch einen größeres Motiv, wieder gesund werden zu wollen: Er wollte anderen beweisen, dass sie dasselbe tun können.

Er gewann fühlbar mehr Macht über sein Schicksal. Seine buddhistischen Freunde kamen zu ihm und chanteten während dieser Zeit viele Stunden mit ihm zusammen.

Drei Monate später unterzog er sich einem weiteren Bluttest. Seine Viruslast war tatsächlich nicht mehr nachweisbar. Er wog 65 Kilo. Fünf Monate später war seine Viruslast immer noch nicht nachweisbar und sein Gewicht war auf 74 Kilo angestiegen. Drei verschiedene Ärzte sagten ihm, dies wäre eine medizinische Unmöglichkeit. Dennoch war es so. Albert hat keine Zweifel daran, dass ihm seine buddhistische Ausübung das Leben rettete – sie gab ihm die innere Stärke und Entschlossenheit, gegen enorme Widerstände zu kämpfen und zu siegen.

Dem Stress standhalten

Sind positive Emotionen wirklich so wichtig in der Entscheidungsschlacht zwischen Gesundheit und Krankheit? Gibt es wissenschaftliche Belege für das, was der Buddhismus so eindringlich behauptet?

Es gibt Berge davon – und sie werden immer höher. Ziehen wir folgendes Beispiel heran:

Im *American Journal of Community Psychology 6* beschreibt die Psychologin Barbara Dohrenwend drei Arten, wie Menschen auf Stress reagieren: (1) psychisches Wachstum als Folge eines stressreichen Ereignisses, wodurch ein Mensch reifer wird, Werte und Ziele verändert oder neues Verhalten erlernt, das ihm bei der Bewältigung von künftigen ähnlichen Ereignissen helfen wird; (2) keine substanzielle psychologische Veränderung – der Betroffene nimmt einfach sein Leben wieder auf, als wäre nichts geschehen; und (3) Entwicklung einer anhaltenden psychischen Störung mit Fehlanpassungen im Bewältigungsprozess.

Laut Dohrenwend sind die anfälligsten Personen für ein fehlangepasstes Ergebnis mit hoher Wahrscheinlichkeit diejenigen, die denken, die verfügbaren Ressourcen sowohl in ihnen als auch in der Umgebung reichten nicht aus, um das stressreiche Ereignis zu bewältigen. In buddhistischen Begriffen ist ein »fehlangepasstes Ergebnis« ein Verhalten, das auf der Selbsttäuschung beruht, wir seien hilflos und unfähig, in unserer jetzigen Lage eine Veränderung zu bewirken.

Bemerkenswert ist Dohrenwends Feststellung, eine mögliche Folge einer Krankheit könne auch positives psychisches Wachstum sein. Wie wir auf Krankheit reagieren bestimmt also, ob wir uns durch sie positiv verändern, unverändert bleiben oder von ihr besiegt werden.

Es wurden mehrere Persönlichkeitsmerkmale ermittelt, die eine positive Bewältigung von Stress erleichtern. Kathleen H. Dockett, Professorin für Psychologie an der University of the District of Columbia, beschreibt in ihrer Broschüre *Resources for Stress Resistance: Parallels in Psychology and Buddhism*, einen »Persönlichkeitsstil der Stressbewältigung bestehend aus drei Faktoren: Selbstverantwortung, Kontrolle und Kampfgeist. Im Wesentlichen fühlen sich zähe Menschen also (1) tief ihrer eigenen Entwicklung und ihrer täglichen Arbeit verpflichtet; (2)

glauben sie daran, dass sie das, was ihnen widerfährt, beeinflussen können und (3) betrachten sie ihr Leben als aufregende Herausforderung, durch die sie weiteres Wachstum erringen, und nicht als Bedrohung.«

Dockett stellt zum Abschluss fest, dass diese Qualitäten zu denen gehören, die die buddhistische Ausübung ebenfalls ermittelt hat und fördert – jene Qualitäten, die im Schatzturm des eigenen Lebens lagern. So schreibt Dockett:

> Der Buddhismus von Shakyamuni, aus dem Nichiren die höchsten Lehren, das Lotos-Sutra, herausdestillierte, nahm vor 3.000 Jahren seinen Anfang und die Psychologie vor etwas mehr als 100 Jahren.
> Doch die tiefe Weisheit des Buddhismus wurde seit Langem erkannt und genutzt, also all das, was die psychologische Forschung erst jetzt als richtigen Ansatz zur Entwicklung von psychischem Wohlbefinden validiert hat. Dieses Präzedens ist ein starker Hinweis darauf, dass der Buddhismus viel für die Entwicklung menschlicher Potenziale zu bieten hat – etwas, das gewiss weit über das Thema Stressbewältigung hinausreicht.

Steves Erfahrung: Die Überwindung eines Hodgkin-Lymphoms

Kurz nach seinem vierzigsten Geburtstag erlebte Steve, der bis dahin stets gesund gewesen war, eine rapide Verschlechterung seines Gesundheitszustands. Starke Rückenschmerzen, Schweißausbrüche, Schüttelfrost, Übelkeit und Müdigkeit gehörten zu seinen Symptomen. Schließlich wurde bei ihm Morbus Hodgkin im vierten Stadium diagnostiziert, und zwar mit einer sehr schlechten Prognose.

Krebsgeschwüre bildeten sich hinter seinem Ohr, an beiden Seiten des Halses und in Brustbein und Zwerchfell. An seiner Wirbelsäule hatte sich ein Tumor von der Größe eines Golfballs gebildet. Ein Team von Onkologen empfahl eine aggressive Chemotherapie bestehend aus sechs Zyklen. Zu diesem Zeitpunkt hatte Steve den Buddhismus etwa dreizehn Jahre praktiziert. Nun, so wusste er, würde er einen Kampf auf Leben und Tod antreten müssen, einen Kampf sowohl mit seiner Krankheit als auch mit den Nebenwirkungen der Chemo.

So begann er jeden Morgen und Abend energisch Nam-Myoho-Renge-Kyo zu chanten, um sein Immunsystem zu stärken.

Vier Monate nach der Behandlung verschlechterte sich sein Zustand. Da er an hohem Fieber und einem geschwächten Immunsystem litt, wurde er ins Krankenhaus eingeliefert. Mit dem Gefühl, bald sterben zu müssen, chantete er Nam-Myoho-Renge-Kyo mit aller Kraft, die er noch übrig hatte.

Früh am Morgen des zweiten Tags im Krankenhaus, nach vielen, vielen Stunden des Chantens, ging sein Fieber zurück und er fühlte sich wie neu belebt. Einige Tage später wurde eine Computertomografie gemacht. Erstaunlicherweise war kein Krebs mehr feststellbar.

Seit 1987 ist er nun frei von Krebs und vollkommen gesund. Das Ärzteteam, das an seinem Fall gearbeitet hatte, war tief beeindruckt davon, wie er sein Immunsystem durch die Ausübung des Nichiren-Buddhismus stärken und seinen Körper vom Krebs befreien konnte.

Wer heilt?

Viele Menschen denken, die Behandlung von Krankheit solle man gänzlich Ärzten überlassen. Es ist zwar richtig und gut, auf die Heilfähigkeiten von Ärzten zu vertrauen, doch wenn wir zu viel Vertrauen in die Macht anderer legen, laufen wir ernsthaft Gefahr, die Macht über uns selbst und dabei unsere innere Stärke zu verlieren. Wir reagieren auf Krankheit am besten, wenn wir erkennen, dass wir nicht nur der Patient sind, sondern auch der Arzt. Der Buddhismus rät uns, ein hervorragender Patient zu sein, hervorragende Ärzte zu finden und ein vereintes Team zu bilden. Doch wir sind die Chefs in puncto eigene Gesundheit.

Letztlich, so sagt der Buddhismus, ist es unsere eigene Lebenskraft, die unsere Krankheit heilt. Gute Ärzte und eine hervorragende medizinische Behandlung können diese Funktion unterstützen, aber nicht ersetzen. Und das Chanten von Nam-Myoho-Renge-Kyo ist die Quelle dieser Lebenskraft. Nam-Myoho-Renge-Kyo, heißt es, sei die beste Medizin, die jemals von Menschen entdeckt wurde, und ein Buddha ist der beste Arzt.

Im Lotos-Sutra erzählt Shakyamuni ein Gleichnis mit dem Namen »Der geschickte Arzt und seine kranken Kinder«.

> Als ein hervorragender Arzt von einer Reise in ein anderes Land nach Hause zurückkehrt, muss er entdecken, dass seine vielen Kinder Gift eingenommen haben und sich vor Schmerzen am Boden winden. Schnell bereitet er eine ausgezeichnete Medizin zu, die die Kinder von ihrem Leid befreien soll, und bietet sie ihnen an.
>
> Einige nehmen die Medizin schnell ein, voller

> Freude über die Rückkehr des Vaters, und sind geheilt. Andere jedoch befinden sich vor lauter Schmerzen im Wahnzustand, erkennen ihren Vater nicht und verweigern die Einnahme der Medizin. Erst als sie ihn endlich ebenfalls wiedererkennen, nehmen sie die Medizin ein und werden gleichermaßen von ihren Leiden geheilt.

Wir können das Gleichnis so interpretieren, dass der Arzt für den Buddha steht. Wir sind die Kinder, voller Schmerz und Leid, die die drei Gifte Gier, Ärger und Torheit verursachten. Laut Nichiren ist die ausgezeichnete Medizin das Chanten von Nam-Myoho-Renge-Kyo. Alle, die diese Medizin einnehmen, können die Leiden dieses Lebens überwinden.

Das Erwachen zu unserer innewohnenden Buddhaschaft heilt die Krankheiten unseres Körpers wie auch unseres Geistes. Zudem kann uns die Buddhaweisheit, die wir durch das Chanten von Nam-Myoho-Renge-Kyo anzapfen, dabei helfen, gesund zu bleiben oder wieder gesund zu werden.

Susans Erfahrung: Gesundheit beginnt mit Selbstliebe

Susan wuchs in einer Familie auf, in der der Vater Alkoholiker war und die Mutter psychisch instabil. Sie erlitt sexuellen und körperlichen Missbrauch und wurde mit einem geringen Selbstwertgefühl erwachsen.

Noch in ihren Teenagerjahren verließ sie ihr Zuhause, um all dem zu entkommen, doch fast unmittelbar danach fand sie sich in einem Missbrauchsverhältnis wieder und versuchte, sich um ihre zwei kleinen Kinder zu kümmern. Doch sie rannte wieder davon. Aus ihrem Mangel an Selbstwertgefühl wurde Selbsthass. Sie wurde cracksüchtig. Ihre Kinder kamen zu Pflegeeltern. Sie tat alles, um high zu werden, um ihr Leben voller Elend und Selbsthass zu vergessen. Allein die Vorstellung, dass es so etwas wie Selbstliebe gibt, war ihr unbekannt. Es überrascht nicht, dass sie schwerst depressiv war.

Mitten in diesem kaputten Lebenszustand machte sie jemand aus ihrer Familie mit dem Nichiren-Buddhismus bekannt und sie begann mit ihrer Ausübung. Der Prozess vollzog sich nicht über Nacht, aber ihr buddhistisches Studium und ihr stetiges Chanten von Nam-Myoho-Renge-Kyo brachten ihr Inneres allmählich zu der Entschlossenheit, sich selbst lieben zu wollen. Langsam begann sie, sich und ihre Kinder wertzuschätzen.

Es war nicht leicht. Sie hatte in ihrer unmittelbaren Umgebung nie jemanden gehabt, der ihr auf unterstützende Weise begegnet wäre. Plötzlich jedoch war sie von Menschen und einer Philosophie umgeben, die ständig ihre grundsätzliche Buddhaschaft bekräftigten. Sie chantete dafür, sich selbst wertschätzen zu können. Sie chantete dafür, sich selbst zu lieben und es nicht zuzulassen, dass irgendjemand sie abwertend behandelte. Sie bemühte sich, anderen zu helfen, trotz des Gefühls, dazu gar nicht in der Lage zu sein.

Aus diesem Neuanfang heraus konnte sie ihre Drogensucht hinter sich lassen und etwas Stabilität in ihr Leben bringen. Sie beschloss, dass ihr Karma, Missbrauch in ihr Leben einzuladen, mit ihr aufhören und nicht an ihre Kinder weitergegeben werden sollte, wie das allzu oft der Fall ist. Ihre buddhistische Ausübung hatte ihr dabei geholfen, eine ganze Kette von Leiden zu durchbrechen, die sich durch mehrere Generationen gezogen hatte.

Die Kraft im eigenen Inneren freisetzen

Das Chanten von Nam-Myoho-Renge-Kyo, dem Mystischen Gesetz, hat in Bezug auf die Gesundheit viele positive Funktionen, darunter die folgenden:

Das Mystische Gesetz hat die Kraft, das Selbst zu öffnen. Der Buddhismus lehrt, dass man ursprünglich ein unbegrenztes Reservoir an Energie im Innern besitzt. Das größte Problem dabei ist, wie man es öffnet oder anzapft. Dafür hat uns Nichiren einen Schlüssel geschenkt, um diese Energie freizusetzen. Durch das Chanten von Nam-Myoho-Renge-Kyo können wir jedes Potenzial öffnen, das in den Tiefen unseres Lebens verborgen liegt. Dies ist die größte Entdeckung des Buddhismus. Sie öffnet uns die Schatzkammer im Inneren und verschafft uns so den Zugang zu unbegrenztem Potenzial.

Das Mystische Gesetz hat die Kraft der Revitalisierung. Das Chanten von Nam-Myoho-Renge-Kyo fördert die Lebenskraft aus dem eigenen Inneren zutage. Sie kann an sich schon eine heilende Kraft sein. Sie kann unser Leben revitalisieren, erfrischen, sogar neu zusammenfügen oder restrukturieren.

Durch das Chanten von Nam-Myoho-Renge-Kyo wird ein neues Leben möglich. Die Energie, die durch das Chanten entsteht, und die positiven Veränderungen, die wir dadurch zuwege bringen, sind revolutionär. Die Ausübung des Buddhismus führt zur eigenen menschlichen Revolution, was genau das Gleiche ist wie »das Erlangen der Buddhaschaft«. Die buddhistische Ausübung revitalisiert unser Leben, indem wir uns mit unseren eigenen Schätzen auffüllen.

Das Mystische Gesetz hat die Kraft, uns auszustatten. Daher wird alles, was für unser Glück notwendig ist, auch unser werden. Gesundheit ist eines der vielen Lebensgeschenke oder Nutzen, die wir durch das Chanten von Nam-Myoho-Renge-Kyo erfahren können.

Ikeda schreibt: »Unter dem Strich sind diese drei Merkmale des Mystischen Gesetzes also in der Lage, die uns innewohnende Lebenskraft zu aktivieren, unsere spirituellen und physischen Funktionen zu harmonisieren und uns mit den nötigen Mitteln auszustatten, unsere Umgebung positiv zu beeinflussen, während wir gleichzeitig mit Weisheit auf die zahlreichen Veränderungen im Umfeld reagieren und ein Gleichgewicht zwischen Außen- und Innenwelt schaffen. Wenn wir unser Leben auf das Fundament dieses Gesetzes stellen – indem wir den Buddhismus ausüben, wie Nichiren lehrt –, können wir die grenzenlose Kraft in unserem Innern nutzen, sodass Krankheit kein Grund zur Verzweiflung mehr sein muss. Ganz im Gegenteil: Gestärkt durch das Mystische Gesetz sind wir in der Lage, Krankheit in eine Herausforderung umzuwandeln, in eine Quelle des Wachstums, der Freude und der wahren Erfüllung.«[6]

Die Kraft unseres Lebens kann unbegrenzt sein. Die Kraft, die man durch das Chanten freisetzt, ist die letztendliche Heilkraft. Sie ist wie eine Explosion von heilender Energie aus unserem Inneren. Diese Heilenergie hat die Kraft, das eigene Leben wieder in die ursprüngliche Form zu bringen.

Chante Nam-Myoho-Renge-Kyo. Tauche ein in die enormen Potenziale des Lebens. Sammle Deine inneren Ressourcen im Kampf gegen Krankheit. Das ist der buddhistische Weg zu Gesundheit und einem langen Leben.

ooo

Der BUDDHA – das bist DU

7 Der Umgang mit dem Tod

In früheren Zeiten wurde unverblümt
über den Tod gesprochen,
aber verschämt über Sex.
Heute ist man bis zur Ermüdung
redselig über Sex,
aber duckt sich weg,
wenn es um den Tod als Tatsache
des Lebens geht.
– George F. Will

Ich habe keine Angst vor dem Tod.
Ich möchte nur nicht dabei sein,
wenn es passiert.
– Woody Allen

Wenn es um die buddhistische Sicht auf den Tod geht, denkt man normalerweise sofort an die Wiedergeburt – man kommt als jemand anderer wieder auf die Welt, reicher und schöner als jetzt, so hoffen wir. Oder man kommt als Tier oder Insekt zurück, je nachdem, wie gut oder schlecht wir uns im vergangenen Leben verhalten haben. Dies ist ein weitverbreiteter Gedanke, oft auch ein beliebtes Gedankenspiel, und fast so etwas wie die Comic-Version des buddhistischen Gedankenguts. Die Anhänger des Nichiren-Buddhismus, immerhin mehr als 12 Millionen Menschen weltweit, sitzen jedoch selten zusammen und reden über ihre vergangenen Leben.

Buddhismus ist pure Vernunft und die Ausübung des Buddhismus erfordert keine unverhältnismäßig großen Glaubensvorschüsse. Logischerweise kann niemand wissen, was nach dem Tod passiert, weil niemand zurückkommt und uns davon erzählt. Das Thema Reinkarnation bleibt also im Bereich der mystischen Spekulation: Sie ist etwas, das man an diesem Entwicklungsstand des menschlichen Wissens und der Wissenschaft weder vollends verstehen noch erklären kann. Deshalb ist es wichtig zu betonen: Man muss nicht an die Wiedergeburt glauben, um mit der buddhistischen Ausübung zu beginnen.

Während die besonderen Einzelheiten der Wiedergeburt – in welcher Form und wann man wiedergeboren wird – letztlich unbekannt bleiben müssen, betont der Buddhismus, den dieses Buch beschreibt, eher das große Bild: Wie man die Ewigkeit des Lebens in sich selbst entdecken kann. Dieser Buddhismus begegnet der Herausforderung, die der Tod an uns stellt, eher mit der Frage, wie man sein Leben am wertvollsten verbringt.

Wenn wir letztlich alle sterben müssen, was ist dann der Sinn des Lebens? Wenn wir schon einmal gelebt haben, warum können wir uns dann an unsere vergangenen Leben nicht erinnern? Wenn das Leben ewig ist, in welcher Form existieren wir dann über unseren Tod hinaus?

Der Buddhismus beantwortet diese Fragen auf eine Weise, die am wenigsten Angst vor dem Tod erregt und ihm vielleicht sogar mit Vertrauen begegnen lässt. Der Buddhismus begann mit der Frage nach der Ursache von menschlichem Leid. Er spricht jedoch nicht über das Leid, um unsere Herzen zu verdüstern. Vielmehr spricht er dieses schwierige Thema an, um uns zu erleuchten.

Die vier Hauptfragen, die Buddha Shakyamuni beschäftigten, waren die vier universalen Leiden: Geburt (also unsere tagtägliche Existenz), Alter, Krankheit und Tod. Ausnahmslos jeder Mensch ist an diese Leidensquellen unentrinnbar gebunden. Im Grunde lassen sich die ersten drei Leiden allesamt auf das letztendliche Leid zurückführen: den Tod. Daisaku Ikeda schrieb dazu:

»Die Wahrheit ist, dass das Wissen um den Tod ein besonderes Privileg der Menschheit ist. Wie es scheint, sind andere sterbliche Wesen sich, wenn überhaupt, nur kurz des Todes als einer sich nähernden Realität bewusst. Das Bewusstsein des Todes ist also eine der Eigenschaften, die den Menschen vom Tier unterscheidet; sie muss als ein Merkmal seiner höher entwickelten Intelligenz angesehen werden. Doch ist der Mensch gerade wegen dieses Vorzugs oft von Todesangst besessen und nimmt zu absurden Extremen Zuflucht, um ihm auszuweichen.«[1]

Kein Lebewesen kann dem Tod entkommen. Der Tod kann einen düsteren Schatten über das menschliche Herz werfen, als Erinnerung an die begrenzte Natur unserer Existenz. Wie grenzenlos unser Reichtum und unser Ruhm auch sein mögen, wie fest unsere Liebe oder Beziehung – die bevorstehende Wirklichkeit unseres letztendlichen Verfalls kann unser momentanes Wohlbefinden untergraben. Bei vielen sitzt die Angst vor dem Tod tief. Sie kann das Fundament unseres Lebens schwächen und Sorgen, Leid und Qualen verursachen. Wenn aber die Basis unseres Lebens wackelt, können sich mancherlei spirituelle und emotionale Probleme manifestieren. Wir beobachten hier einen Teufelskreis im Geist und im Herzen, in Schwung gehalten durch die Angst vor dem Tod. Nichiren begriff, dass unsere Todesangst sich massiv auf unsere Gesundheit und unser Glück auswirkt. So schrieb er: »Wir sollten zuerst alles über den Tod erfahren und dann alle anderen Dinge studieren.«

Shakyamunis Suche nach Erleuchtung war laut Überlieferung von dem Bedürfnis getrieben, für die vier Grundleiden eine Lösung zu finden, und ganz besonders von dem Wunsch, die Angst vor dem Tod zu überwinden. Nicht zuletzt lieferte das Problem des Todes – wie man mit ihm umgeht und wie man darüber hinauswächst – die Inspiration für viele andere philosophische und religiöse Systeme.

Die Konfrontation mit dem Tod wurde die Mutter aller Philosophie genannt. Der deutsche Existenzialist Martin Heidegger nannte die menschliche Existenz ein »Sein zum Tode«, da der Mensch bereits ab einem frühen Alter das Wissen um seinen bevorstehenden Niedergang in sich trägt. Daher lautet ein buddhistischer Ausspruch: »Die Ursache für den Tod ist nicht Krankheit, sondern die Geburt.«

Man mag es vorziehen, lieber nicht an den Tod zu denken, außer vielleicht ganz am Ende seines Lebens. Doch heute hat sich die Zeit, die Menschen dank medizinischer Fortschritte im Kampf mit dem Tod verbringen, beträchtlich verlängert.

Die Agonie und die Unsicherheit erstrecken sich über Monate, wenn nicht Jahre. So kam es zu einer gesellschaftlichen Neubewertung des Todes in medizinischer und ethischer Hinsicht, mit konkreten gesellschaftlichen Folgen – von der Hospizbewegung bis hin zur Debatte über die freiwillige Euthanasie. Doch allen medizinischen Fortschritten zum Trotz: Wir können nicht übereinstimmend sagen, wann das Leben beginnt – oder endet.

Ein großer Teil der Unsicherheit und Instabilität in der gegenwärtigen Gesellschaft lässt sich auf einen Mangel an Wissen rund um den Tod zurückführen. Das Gefühl, dass unser Leben endlich ist, dass der Moment des körperlichen Todes mit absoluter Bestimmtheit das Ende unserer Existenz bedeutet – das taucht unser Leben in eine Art von verzweifelter Dringlichkeit. Wenn Du denkst, »du lebst nur einmal«, ist die Versuchung groß, so viel Vergnügen, Ereignisse, Empfindungen usw. wie nur möglich in Deine begrenzt verfügbare Erdenzeit zu stopfen – so wie das Sprichwort sagt: »Iss, trink und sei fröhlich, denn morgen bist Du weg.«

In der heutigen zeit-hungrigen Zeit werden alle möglichen Waren und Dienstleistungen erfunden, nur um wertvolle Sekunden zu sparen, damit wir ein paar Momente mehr voller Spaß und Vergnügen genießen können. Ein düsterer Workaholismus tagsüber weicht dann einem ausgewachsenen Hedonismus nach Feierabend. So überrascht es kaum, dass die Suche nach Vergnügen langsam eine fieberhafte Qualität annimmt und der Trieb nach materiellem Wohlstand in Besessenheit ausartet. Allzu oft wird das Leben der Karriere und dem Erfolgsstreben untergeordnet. Doch im Augenblick des Todes blicken wenige Menschen auf Ihr Leben zurück und sagen: »Hätte ich doch nur mehr Zeit im Büro verbracht.«

Von einer Gesellschaft aus betrachtet, die fest im Materialismus wurzelt, bedeutet der Tod die letztendliche

Enteignung unserer sämtlichen materiellen Beiwerke. Daher fürchten wir ihn über alle Maßen, ebenso wie wir den Verlust unserer materiellen Besitztümer zu unseren Lebzeiten fürchten. Dies führt dazu, dass wir in alles Weltliche flüchten und keinen einzigen Versuch unternehmen, unser inneres geistiges Leben zu erkunden oder das Wesen des Todes, sondern nur für den Augenblick leben. Was ist der Tod? Was wird aus uns, wenn wir gestorben sind? Diesen Fragen nicht nachzugehen, ist etwa so, als verbrächten wir unsere Studentenzeit ohne einen einzigen Gedanken daran, was wir nach unserem Abschluss machen wollen. Wir können unserem Leben keine klare Richtung geben, wenn wir mit dem Tod nicht ins Reine kommen. Wer jedoch diesem Problem auf den Grund geht, bringt echte Stabilität und Tiefe in sein Leben.

Gibt es eine Art, den Tod und das Jenseits zu betrachten, die zwar eine spirituelle Dimension enthält, aber nicht im Widerspruch steht zu den wissenschaftlichen Gesetzen des Universums? Es gibt sie tatsächlich. Der Buddhismus vertritt eine natürliche und keine übernatürliche Sicht auf den Tod. Was damit gemeint ist, sei nun erklärt.

Die buddhistische Sicht auf Leben und Tod

Für viele Menschen bedeutet der Tod nichts weiter als die Abwesenheit von Leben. In dieser Sichtweise steht das Leben für alles, was gut ist – das also, was Fülle und Licht verkörpert. Der Tod hingegen steht dann für alles Schlechte – alles, was mit Leere und Dunkelheit zu tun hat.

Diese negative Sicht auf den Tod hat die menschliche Existenz seit den Anfängen der Geschichte beeinflusst. Doch diese Vorstellung ist eine allzu simple, kindliche Sicht auf die Wirklichkeit des Todes. Offensichtlich wird dies vor allem dann, wenn wir an den Tod eher in Zyklen von Entstehen und Vergehen denken, die den Lauf der Natur und sogar des Universums bestimmen. Wie bereits gesehen, lehrt der Buddhismus mit großer Genauigkeit die intime und untrennbare Beziehung zwischen dem Mikrokosmos des einzelnen menschlichen Wesens und dem Makrokosmos des Universums. Alle Phänomene des Universums sind in einem einzigen Lebensmoment enthalten, in den Tiefen unseres Lebens. Jeder Moment unseres Lebens schwingt im selben Rhythmus mit allen Phänomenen des Universums. Diese Einsicht ist nicht auf die Anhänger von Nichiren oder irgendeiner anderen philosophischen Schule begrenzt. Was diesen Zusammenhang betrifft, so schlagen die Worte des Dichters William Blake eine buddhistische Saite an:

> Um die Welt in einem Sandkorn zu sehn
> und einen Himmel in einer wilden Blume
> halte die Unendlichkeit in deiner flachen Hand
> und die Ewigkeit in einer Stunde.

Wer sein Leben so wahrnimmt, der lebt wirklich *im* Moment und nicht *für* den Moment. Dies ist der Unterschied zwischen dem Materiellen und dem Ewigen.

Der Buddhismus betrachtet unser Leben im Kontext des Makrokosmos, im Leben des Universums, das die ganze Ewigkeit hindurch existiert hat (oder wenigstens seit unvorstellbar lange Zeit). Auf die gleiche Weise hat unser Leben, da es eins ist mit diesem Universum, ebenfalls schon immer existiert, in der einen oder anderen Form, dabei einem nie endenden Zyklus von Geburt und Tod folgend, von Verfall und Erneuerung, gelenkt von den physikalischen Gesetzen dieses Universums. Laut Buddhas Lehre kann das Leben – wie Energie – weder erschaffen noch zerstört werden. Was wie der Tod scheint, ist nur der Prozess von Verfall und Erneuerung, dem alle Dinge unterliegen. Die buddhistische Philosophie nimmt seit fast dreitausend Jahren die Gesetze der Energie- und Materie-Erhaltung vorweg, die besagen, dass weder Energie noch Materie jemals verloren geht, sondern sich lediglich in andere Formen verwandelt. Die elektrische Energie zum Beispiel, die durch eine Glühbirne fließt, verwandelt sich in Hitze und Licht. Nichiren lehrte, Leben und Tod seien einander sich abwechselnde Aspekte unseres wahren Selbst, wie es durch das Gesetz von Nam-Myoho-Renge-Kyo ausgedrückt ist. Er schrieb:

> *Myo* steht für Tod und *Ho* für Leben. Lebewesen, die die zwei Phasen von Leben und Tod durchlaufen, sind die Wesenheiten der Zehn Welten, also die Wesenheiten von Myoho-Renge-Kyo. (...) Weder Himmel noch Erde, weder Yin noch Yang, weder die Sonne noch der Mond, weder die fünf Planeten noch irgendeine der Zehn Welten von der Hölle bis zur Buddhaschaft – kein einziges Phänomen ist frei von den zwei Phasen Leben und Tod. Leben und Tod sind einfach die beiden Wirkweisen von Myoho-Renge-Kyo.[2]

Mit anderen Worten: Alles, was sich physisch im Leben manifestiert, zieht sich bei seinem Auslöschen oder Tod in einen Zustand der Latenz zurück. Der Buddhismus unterscheidet zwischen physischer Realität und einem Zustand der Latenz, in dem das Leben nicht sichtbar weiter existiert.

Diese Latenz, ein Zustand, der weder Existenz noch Nicht-Existenz ist, kann für westliche Gemüter verwirrend sein. Für uns existiert entweder etwas oder eben nicht. Doch denken wir einmal an eine Kirschblüte im Winter. Die Blüte ist nicht sichtbar, doch sie ist da, schlummernd, wartend auf ihr Blühen, wenn die richtigen Bedingungen dafür – der Frühling – gegeben sein werden. Dieselbe Wahrheit gilt für unser Leben. Wenn der physische Körper aufhört zu funktionieren, tritt unser Leben in eine neue Phase ein, in eine Periode der schlummernden Latenz, auf die eine erneute Geburt folgen wird. Daisaku Ikeda schrieb dazu:

»Aus buddhistischer Sicht ist das Leben ewig. Man nimmt an, dass es immer wieder Inkarnationen durchläuft, sodass der Tod nicht so sehr als Ende einer Existenz betrachtet wird, sondern als Beginn einer neuen Existenz.

Für Buddhisten ist das Phänomen der Transmigration, das Weiterwandern einer Wesenheit, selbstverständlich. So war es auch schon im alten Indien vor dem Buddhismus, wo man dieses Phänomen *Samsara* nannte. Ein Grundsatz des Buddhismus ist, dass das Leben ewig ist und dass alle einzelnen Lebewesen einen fortwährenden Zyklus von Geburt und Tod durchlaufen. Einige Forschungsergebnisse auf dem Feld der Medizin und Parapsychologie scheinen diese Sichtweise zu stützen. Zu diesen Forschungen gehören Nahtod-Erfahrungen und Erfahrungen von vergangenen Leben.«[3]

Diese Erneuerung der philosophischen Perspektive hin zum ewigen Leben mag zunächst idealistisch oder unwissenschaftlich erscheinen – bloßer emotionaler Balsam für unsere existenzielle Angst. In Wahrheit aber ist es die vernünftigste und realistischste Betrachtungsweise für diese Angelegenheit. Ohne den Tod gäbe es kein Leben. Josei Toda, der zweite Präsident der Soka Gakkai, schrieb dazu einmal:

»Nichts wäre furchterregender als nicht zu sterben. Es ist eine Sache, wenn nur Menschen davon betroffen wären. Aber wenn alle Lebewesen niemals sterben würden, wären die Auswirkungen wahrlich katastrophal. Denken Sie nur: Alle Katzen und Hunde und Mäuse und sogar Tintenfische würden niemals sterben. Das würde große Probleme aufwerfen. Wenn nichts sterben würde, was würde dann passieren? Selbst wenn jemand geschlagen würde, oder getötet, oder von einem Zug überfahren, oder dem Verhungern ausgesetzt – er würde trotzdem nicht sterben. Das Ergebnis wäre Pandämonium, ein Höllenreich.«[4]

Der Tod ist notwendig. Weil wir sterben, können wir das Wunder des Lebens wertschätzen. Wir können die große Freude genießen, am Leben zu sein. Nichiren erfasste das tiefgründige Konzept von Leben und Tod, wie es im Lotos-Sutra ausgedrückt ist, das da heißt: Leben und Tod wohnen dem Menschenleben ständig inne. Er betonte, dass die übliche Sichtweise, Leben und Tod als getrennte Phänomene zu betrachten, entweder zu einem Ewigkeitsglauben führt, zur Vorstellung, die Seele existiere für immer, oder zu einem Auslöschungsglauben, zur Vorstellung, dass nach dem Tod nichts weiter existiert, oder, wie Hamlet sagt: »Der Rest ist Schweigen.« Beide Sichtweisen, so Nichiren, unterliegen der Selbsttäuschung, weil sie den Zyklus von Leben und Tod ignorieren, der das gesamte Universum durchdringt. Er schrieb dazu:

> Mit Ekel auf Leben und Tod zu blicken und zu versuchen, beidem zu entkommen – das ist Selbsttäuschung oder angelernte Erleuchtung. Jedoch das ursprünglich innewohnende Wesen von Leben und Tod zu sehen und zu verstehen – dies wird Erwachen genannt, oder ursprüngliche Erleuchtung.

> Wenn nun Nichiren und seine Anhänger Nam-Myoho-Renge-Kyo chanten, erkennen sie das ursprünglich innewohnende Wesen von Geburt und Tod und das ursprünglich innewohnende Wesen von Ebbe und Flut.
> Wir können also sagen: Nichtexistenz und Existenz, Geburt und Tod, Ebbe und Flut, auf dieser Welt existieren und in die Auslöschung eintreten, sind allesamt, ohne Ausnahme, Geschehnisse des ewig seienden innewohnenden Wesens.[5]

Wenn wir diese komplexe Sichtweise tief im Inneren verstehen, können wir zur Erleuchtung vordringen und den Tod mit Würde erleben. Doch eine Frage bleibt: Wenn das Leben weitergeht, in welcher Form tut es dies dann?

Da Form etwas mit Gestalt und Substanz zu tun hat und die buddhistische Lehre nicht lehrt, das physische Selbst überlebe irgendwie und werde dann wiedergeboren, braucht es eine andere Herangehensweise. Um den Tod aus buddhistischer Sicht gänzlich zu verstehen, müssen wir in etwas eintauchen, was sich die »neun Bewusstseine« oder auch »neun Bewusstseinsebenen« nennt.

Die neun Ebenen des Bewusstseins

Die buddhistische Theorie der neun Bewusstseinsebenen ist ein psychologisches System. Es wurde oft mit der Pionierarbeit des Schweizer Psychologen Carl Gustav Jung verglichen, der ein »kollektives Unbewusstes« von Erinnerungen postulierte, die alle Menschen gemeinsam haben.

Diese Erinnerungen stammen aus der entfernten Vergangenheit und enthalten archetypische Bilder, die in allen Kulturen auftauchen und seit Urzeiten bis heute weitergereicht wurden. Jungs Idee von einem kollektiven Unbewussten entspricht dem achten Bewusstsein in dieser buddhistischen Theorie, wo es auch *Alaya-Bewusstsein* genannt wird. Dort befinden sich alle Erinnerungen, die von den ersten sieben Bewusstseinsebenen gesammelt wurden, und· Dieses Bewusstsein, existiert auch nach dem Tod weiter.

In dieser buddhistischen Theorie entsprechen die ersten fünf Bewusstseinsebenen den fünf Sinnen von Sehen, Hören, Riechen, Schmecken und Berühren. Das sechste Bewusstsein integriert die Wahrnehmungen der fünf Sinne zu zusammenhängenden Bildern und beurteilt dadurch die äußere Welt. Nehmen wir zum Beispiel das Blütenblatt einer Rose: Es ist rot, weich und duftend. Unser sechstes Bewusstsein wertet diese Sinneseindrücke aus und bringt die Vorstellung einer Rose hervor – und eben nicht die einer Erdbeere. Zusammen bilden die ersten sechs Bewusstseinsebenen das, was wir im Westen Bewusstsein oder Wachbewusstsein nennen.

Im Gegensatz zu den ersten sechs Bewusstseinsebenen, die mit der äußeren Welt umgehen, hängt das siebte, das *Mano-Bewusstsein*, nicht direkt von den Sinnen ab. Es unterscheidet die innere Welt. Aus dem siebten Bewusstsein kommt das Urteil als Ergebnis von innerer Aktivität wie Nachdenken: Eine Rose ist ziemlich schön. Wichtiger noch, im Mano-Bewusstsein liegt die Anhaftung an das Selbst. Es kommt Sigmund Freuds Vorstellung vom Ego sehr nahe. Es war das Begreifen dieses siebten Bewusstseins, das den französischen Philosophen René Descartes zu der berühmten Selbstbestätigungsformel führte: »Ich denke, also bin ich.«

Die achte Ebene, das Alaya-Bewusstsein, geht eine Stufe tiefer als das Mano-Bewusstsein. All das, worauf unsere sechs

Sinne auf äußere Reize je reagiert haben, und all unsere Urteile darüber, selbst unsere flüchtigsten Eindrücke, sind in diesem achten Bewusstsein aufgezeichnet und abgespeichert. Dieser »Datenspeicher« ist grob mit dem Gedächtnis vergleichbar, geht aber noch darüber hinaus. Der Buddhismus geht davon aus, dass im achten Bewusstsein nicht nur alles gespeichert ist, was wir in diesem Leben erfahren haben, einschließlich aller Ursachen, die wir durch Gedanken, Worte und Taten gesetzt haben, sondern zusätzlich auch alles, was wir seit fernster Vergangenheit erlebt haben.

Der Buddhismus lehrt, dass es so etwas wie eine Seele oder einen Geist nicht gibt, der unseren Körper und Verstand steuert und als Wesen, in der Luft schwebend, weiter nach dem Tod existiert. Das Christentum und andere westliche Religionen behaupten, man lebe nur einmal, und die Taten, die man während dieser begrenzten Zeitspanne beginge, bestimmten auf immer das Schicksal der ewigen Seele. Das ist so, als wäre das Leben ein Buch, das nur ein einziges Mal durchgelesen wird. In der buddhistischen Sicht ist das Leben, um bei demselben Bild zu bleiben, wie eine Seite in einem Buch: Wenn man eine Seite umblättert, erscheint eine neue.

Statt des Konzepts einer ätherischen Seele vertritt der Buddhismus das eines Selbst, das immer weiter existiert, ob man nun tot ist oder lebt. Das Alaya-Bewusstsein kann man sich auch als Bereich denken, in dem alle Ursachen und Wirkungen miteinander verwoben werden, die das Schicksal eines Individuums ausbilden. Wenn dieses Leben wieder in der Welt der Phänomene erscheint, blühen die karmischen Samen im Alaya-Bewusstsein wieder auf, diesmal jedoch unter neuen Bedingungen und in einer neuen physischen Gestalt. Das eigene Selbst existiert jedoch in alle Ewigkeit fort. Der Buddhismus nimmt dies als Tatsache an. Ob sie nun im Tod schlummert oder im Leben manifest ist: Es ist dieselbe Lebensenergie.

Ein Gedanke dazu: Ob Du nun zwei, siebzehn, zweiundfünfzig oder achtundsiebzig Jahre alt bist – Du bist stets dieselbe Person. Auch wenn, wie die Medizin uns lehrt, jede Zelle in Deinem Körper mindestens einmal im Laufe des Lebens ersetzt worden ist, bist Du immer noch Du. Deine Persönlichkeit mag sich radikal verändert haben. Du magst Berufe, politische Überzeugungen und so weiter gewechselt haben. Und doch gibt es auch etwas Fortdauerndes in den Tiefen Deines Lebens. Es ist dein Wesenskern. Alle Erinnerungen, Gewohnheiten und alles Karma, die durch alle Zeiten hindurch im Alaya-Bewusstsein gespeichert wurden, bilden das individuelle Selbst, den Rahmen also, in dem ein Individuum den Zyklus von Geburt und Tod immer wieder durchläuft.

Nichts an diesem Karma oder weitervererbten Bewusstsein ist statisch und unumkehrbar. Egal wie unser Karma beschaffen ist, wir können es unter Einsatz unseres freien Willens zum Besseren verändern. Mit anderen Worten: Das buddhistische Konzept von Karma ist in keiner Weise mit dem vergleichbar, was normalerweise unter Schicksal oder Bestimmung verstanden wird.

Einige Menschen leben in der Illusion des Fatalismus vor sich hin, weil sie nur den einen Aspekt des Karmas sehen, nämlich den, dass das Karma aus vergangenen Leben sich auf das jetzige Leben auswirkt. Nach dem Gesetz der Kausalität jedoch erschaffen wir in jedem Augenblick frisches Karma. Das bedeutet, dass wir im gegenwärtigen Moment, aus freiem Willen, eine neue Lebenstendenz erschaffen und damit die Zukunft für Neues öffnen. Nichiren sagte, in dem ewigen Zyklus von Leben und Tod sei das Gesetz von Ursache und Wirkung die eiserne Regel. Mit dem Wissen, dass wir allem, was uns im Leben zustößt, einen positiven Sinn abgewinnen können, sei das Chanten von Nam-Myoho-Renge-Kyo der direkteste Weg, das eigene Karma zu verändern oder zu verbessern.

Wenn wir erkennen, dass die wichtigsten Ursachen und Bedingungen unseres Glücks in unserem eigenen Leben liegen, können wir unseren Mut zusammennehmen und alle Verantwortung für unser Leid auf uns nehmen. Wir können jede erdenkliche Anstrengung unternehmen, um es zu verändern und Glück zu erschaffen. Sobald wir beginnen zu verstehen, dass wir die Schöpfer unseres eigenen Schicksals sind, können wir in uns einen Stern der Hoffnung finden, der Licht in jeden Winkel unseres Daseins bringt.

Nach dem Tod jedoch, in dieser neuen Existenz, werden wir keine bewusste Erinnerung an unser vergangenes Leben mehr haben, auch wenn unser karmisches »Gedächtnis« intakt bleibt. So heißt es in den *Sonstigen Agama-Sutras*: »Die karmischen Auswirkungen existieren, doch die Person, die sie verursacht hat, nicht mehr.«

In der Tat ist man gezwungen die Wasser des Lethe zu trinken, jenes Flusses aus der griechischen Mythologie, der uns die Vergangenheit vergessen lässt. So wie es die modernen Neurowissenschaften festgestellt haben, braucht ein physisches Gedächtnis ein physisches Gehirn und das Gehirn, das die Ereignisse in diesem Leben erinnert, unterscheidet sich von dem Bewusstsein, das die Ereignisse aus den vergangenen Leben davor registriert hat.

Wenn das physische Gehirn stirbt, sterben damit auch seine Erinnerungen. Das karmische Gedächtnis, das wir Alaya nennen, in dem all die Ursachen, die wir je gesetzt haben, eingraviert sind, ist seiner Natur nach anders als das Gehirn. Doch das Selbst, das beiden unterliegt, ist dasselbe. Ebenso wie der Schlaf, wie lang und tief er auch gewesen sein mag, unsere Identität nicht ändern kann, so besteht auch unser Karma weiter.

Die Natur dessen, was dann wiedergeboren wird, ist Thema endloser wie ergebnisloser Diskussionen gewesen. Wenn eine Kerze von einer anderen angezündet wird, ist das Licht der zweiten Kerze dasselbe wie das Licht von der ersten? Doch solche Details sind für die Suche nach Erleuchtung nicht wichtig. Die Theorie der neun Bewusst-seinsebenen ist – letztlich – nur eine Theorie. Doch ist sie ungeheuer überzeugend im Lichte dessen, was wir bislang über das Universum, den Menschen und die Psychologie wissen. In dieser Theorie befindet sich das Alaya-Bewusstsein, dem alle emotionalen und spirituellen Funktionen zugrunde liegen, in ständigem Fluss, wie ein rauschender Bergbach, der sich unaufhörlich umformt und verwandelt.

Dieser dynamische Zustand auf der grundlegenden Ebene des Lebens behält jedoch die einzigartigen Eigenschaften eines jeden individuellen Lebens bei. Wenn wir sterben, zieht sich unser Leben gänzlich in den Bereich des Alaya-Bewusstseins zurück. Daher sehen wir nichts, hören wir nichts, riechen wir nichts, schmecken wir nichts und fühlen wir nichts durch Berührung. Das eigene Bewusstsein geht dann sogar über das siebte Bewusstsein hinaus und vollständig in das Alaya-Bewusstsein über.

Die Analogie zwischen Schlaf und Tod – dem »großen Schlaf« – hat etwas Bezwingendes. Der britische Autor und buddhistische Führer Richard Causton schrieb dazu in seinem Buch *Der Buddha des Alltags*:

> … der Schlaf wie der Tod ist ein fundamentaler und geheimnisvoller Aspekt allen Lebens. Wir gehen müde zu Bett und wachen erfrischt wieder auf. Der Buddhismus lehrt, dass wir sterben, wenn wir erschöpft sind, und dass unsere Entität wiedergeboren wird. Sowohl der Schlaf als auch der Tod

> drücken den fortgesetzten Rhythmus und die Energie von *Myoho* aus, dem Mystischen Gesetz. Was wir daraus lernen können, ist offensichtlich: Wenn wir wirklich in der Lage sind, den Tod aus dem gleichen Blickwinkel zu betrachten wie den Schlaf, das heißt als Zeit der Ruhe und Erholung innerhalb der Ewigkeit unseres Lebens, müssen wir den Tod nicht mehr fürchten. Wir könnten uns dann sogar darauf freuen, wie wir uns auch nach einem harten Arbeitstag aufs Schlafen freuen, denn wir wären überzeugt, dass unsere Leben beim nächsten Mal erfrischt und gestärkt einen neuen Anfang machen.[6]

Schlafforscher haben herausgefunden, dass der Schlaf sich in verschiedenen Phasen vollzieht. Während der REM-Phase (Rapid Eye Movement = schnelle Augenbewegung) sind die Frequenzen der Gehirnwellen besonders hoch und unterbrochene Träume können sofort erinnert werden.

Laut Causton versteht der Buddhismus unsere Träume so, dass die verschiedenen Gedanken, Worte und Taten, die im achten Bewusstsein gespeichert sind, »freigesetzt« werden, weil dann unser Tagbewusstsein seinen Griff darauf für einige Stunden lockert. Wird eine Person während der REM-Phase geweckt, ist sie sich sofort ihrer Umgebung bewusst. Wird jemand hingegen im tiefsten Reich des Schlummers, des Delta-Schlafs, geweckt, erlebt er zunächst meist eine tiefe Verstörtheit und Orientierungslosigkeit. Eine äußerst bildhafte Passage aus Marcel Prousts *Auf der Suche nach der verlorenen Zeit* verdeutlicht dies sehr schön:

> Doch es genügte, dass ich in meinem eigenen Bett tief schlief und mein Geist sich dabei völlig entspannte, damit ihm der Lageplan des Ortes entglitt, an dem ich

> eingeschlafen war; und wenn ich mitten in der Nacht erwachte, wusste ich nicht, wo ich mich befand und deshalb im ersten Augenblick nicht einmal, wer ich war; ich verspürte nur, ursprünglich, elementar, jenes Daseinsgefühl, wie es in einem Tier beben mag; ich war entblößter als ein Höhlenmensch; doch dann kam mir die Erinnerung – noch nicht an den Ort, an dem ich mich befand, wohl aber an einige andere, an denen ich gewohnt hatte und wo ich hätte sein können – gleichsam als Hilfe von oben her, um mich aus dem Abgrund des Nicht-Seins zu ziehen, aus dem ich von selbst nicht herausgefunden hätte; in einer Sekunde überflog ich Jahrhunderte der Menschheitsgeschichte, und die verschwommen und flüchtig geschauten Bilder von Petroleumlampen und von Hemden mit Umlegekragen fügten nach und nach die originären Züge meines Ich wieder zusammen.[7]

Dieser »Abgrund des Nicht-Seins«, der hier so beredt von Proust beschrieben wird, verweist auf die Existenz einer Bewusstseinsebene, die noch tiefer liegt als jene, die während des normalen Träumens erfahren wird. Er ähnelt den dokumentierten Erfahrungen von Menschen, die von der Schwelle zum Tod wieder zurückgekehrt sind.

Nahtoderfahrungen mit ihren verblüffend übereinstimmenden Berichten davon, wie man seinen eigenen Körper auf leichte und losgelöste Weise beobachtet, deuten darauf hin, dass das eigene Selbst, auch wenn der Körper eigentlich schon erloschen ist, noch lebendig bleibt. In buddhistischen Sagen überquert ein Verstorbener einen Fluss, der für den Übergang vom Mano-Bewusstsein zum Alaya-Bewusstsein steht. Diese Erfahrungen und Erzählungen verweisen auf die Vorstellung, dass in den Tiefen dieses rauschenden Bergbachs des Alaya-

Bewusstseins noch etwas anderes liegt: ein reines und friedvolles Reservoir, die ewige, unveränderliche Buddhanatur.

Das neunte Bewusstsein – die Buddhanatur

Der Grund, warum die buddhistische Lehre den Tod in eine angemessene Perspektive rücken kann, liegt darin, dass sie einen letztendlichen Bereich im eigenen Leben entdeckt hat, der frei von allen karmischen Verunreinigungen ist. Dieser Bereich wird *Amala-Bewusstsein* oder Erleuchtung genannt.

Amala bedeutet hier absolute Reinheit. Dieser Bereich ist direkt mit dem Leben des Universums verbunden, was nach dieser Lehre Nam-Myoho-Renge-Kyo ist, das letztendliche Gesetz von Leben und Tod. Nichiren nennt dieses Reich auch den »Palast des neunten Bewusstseins«. Leben wie Tod sind die natürlichen Ausdrucksformen der menschlichen Existenz und beide sind im großen universalen Leben der Buddhaschaft verkörpert, die in den Tiefen unseres Lebens existiert. Indem wir uns in diesem Leben anhand der buddhistischen Ausübung die eigene Buddhaschaft zur Existenzgrundlage machen, können wir in diesem Leben den Tod in Würde und Frieden erfahren.

Anlässlich des Todes des Vaters eines jungen Gläubigen schrieb Nichiren: »Als er lebte, war er ein Buddha im Leben, und nun ist er ein Buddha im Tode. Er ist Buddha im Leben wie im Tode. Das ist die Bedeutung der wichtigsten Lehre von der Verwirklichung der Buddhaschaft in der jetzigen Gestalt.«[8]

In dieser kurzen Textpassage lehrt Nichiren das Prinzip, dass wir auf ewig glücklich werden können, indem wir in diesem Leben die Buddhaschaft verwirklichen. Die letztendliche Botschaft des Lotos-Sutra lautet, dass die Buddhaschaft in jedem Menschen als Potenzial existiert. Nichiren zeigte den Weg auf, wie man es im eigenen Innern entdeckt, und lehrte uns auch, wie man es festigen kann. Wenn wir also die tiefsten Tiefen des Lebens, die Buddhaschaft, angezapft haben, während wir am Leben sind, setzt sich dieser einst begonnene Fluss weiter fort, durch den Tod hindurch und hinein in das nächste Leben.

Durch die Ausübung seiner Lehren – das Chanten von Nam-Myoho-Renge-Kyo –, können wir die Weisheit und Überzeugung entwickeln, um den Tod in eine weite Perspektive zu rücken. Indem wir uns stetig erleuchten, können wir auch ein unerschütterliches Vertrauen in die Ewigkeit unseres Lebens aufbauen. Außerdem erleben wir durch die Ausübung von Nichirens Lehre ein Hervorsprudeln von Daseinsfreude aus unserem Innern. Und nicht zuletzt: Da Furchtlosigkeit ein Merkmal der Buddhaschaft ist, ist auch die Todesangst etwas, das überwunden werden kann. Nur dann können wir uns darauf konzentrieren, was wir mit dem Rest unseres Lebens für das Glück aller Menschen tun können, und so unsere Lebensaufgabe für diesmal und in dieser Welt erfüllen.

In *Das Buch vom Glück* schreibt Daisaku Ikeda:

»Nichiren verlieh dem Amala-Bewusstsein – der grundlegenden Wirklichkeit des Lebens – in Nam-Myoho-Renge-Kyo Ausdruck. Damit öffnete er den Weg, der allen Menschen ermöglicht, ihre Buddhaschaft zu entfalten und ihr latentes großes Selbst zum Vorschein zu bringen. ›Der Körper ist der Palast des neunten Bewusstseins, der unabänderlichen Wahrheit, die alle Lebensfunktionen regiert‹[9], schrieb er. Die Rezitation von Nam-Myoho-Renge-Kyo ist also der Weg, um die Buddhaschaft, die dem Leben jedes Menschen innewohnt, zu ›öffnen‹, damit sie wie ein Quell hervorsprudeln und unser Leben von innen nach außen reinigen kann.«[10]

Der richtige Weg zu sterben

Wie das Gesetz von Ursache und Wirkung es diktiert, sterben wir so, wie wir gelebt haben. Im Augenblick des Todes zeigen sich die Ursachen, die wir in der Vergangenheit gesetzt haben, unverblümt in unserem Erscheinungsbild. In diesem Augenblick gibt es keine Möglichkeit, die Wahrheit über dieses gelebte Leben zu verbergen. Wenn wir daher über die ideale Art zu sterben sprechen, sprechen wir eigentlich über die ideale Art zu leben. Wir machen unsere buddhistische Ausübung jetzt, damit wir auf unserem Sterbebett kein Bedauern erleben müssen. Die Art, wie wir dem Augenblick unseres Todes begegnen, bestimmt darüber, ob wir unser Leben mit Erfüllung krönen konnten oder nicht.

Der Buddhismus ist eine Lehre, die im Leben eines jeden einzelnen Menschen absoluten Wert findet. Im Buddhismus ist ein Mensch, der sein Potenzial voll zur Blüte gebracht hat, gewissermaßen ein Buddha. Ein Mensch, der alles getan hat, um seine Lebensaufgabe in diesem Leben zu erfüllen, wird ebenfalls ein Buddha genannt. Ikeda schrieb dazu:

»Der Tod wird eines Tages zu jedem und jeder von uns kommen. Wir können sterben, nachdem wir hart für unsere Überzeugungen gekämpft haben, oder wir können sterben, nachdem wir dies nicht getan haben. Da die Wirklichkeit des Todes in beiden Fällen die gleiche ist, wäre es nicht viel besser, wir könnten uns in bester Laune auf die Reise in unsere nächste Existenz begeben, mit einem strahlenden Lächeln auf den Lippen, im Wissen, dass wir in allem, was wir getan haben, unser Bestes gegeben haben, mit einem Entzücken, das da lautet: ›Dies war ein wirklich interessantes Leben‹?«[11]

Aus buddhistischer Sicht also hängt unsere Fähigkeit, erfolgreich durch den Sterbeprozess zu gehen, von unseren ständigen Bemühungen zu Lebzeiten ab, gute Ursachen zu setzen, zum Glück der anderen beizutragen und das Fundament der Güte und Menschlichkeit in den Tiefen unseres Lebens zu stärken. Wenn wir auf diese Weise ein Sieger im Leben geworden sind, dann können wir auch Sieger im Tod sein. Das ist der Prozess, wie wir anhand des Gesetzes von Ursache und Wirkung den bestmöglichen Wert für unser Dasein schaffen.

Wir sehen also: Der Tod ist mehr als nur die Abwesenheit von Leben. Der Tod ist, zusammen mit einem aktiven Leben, notwendig für das Bilden eines größeren, wesentlicheren Ganzen. Dieses größere Ganze spiegelt die tiefere Kontinuität von Leben und Tod wider, die wir als Einzelwesen erfahren und als Kultur ausdrücken. Für dieses junge Jahrhundert ist es eine der wichtigsten Herausforderungen, eine Kultur zu schaffen, die auf einem Verständnis von der Beziehung zwischen Leben und Tod beruht – und von der tiefen Ewigkeit des Lebens. Eine solche Haltung negiert den Tod nicht, sondern konfrontiert ihn direkt und positioniert ihn in einem größeren Daseinskontext.

Glücklich zu sterben ist schwierig. Und da der Tod die letztendliche Bilanz vom eigenen Leben ist, kommt hier unser wahres Selbst zum Vorschein. Wir praktizieren den Buddhismus, um glücklich zu leben und glücklich zu sterben. Der Buddhismus garantiert, dass diejenigen, die ihn aufrichtig ausüben, sich dem Tod in einem Zustand der höchsten Erfüllung nähern können.

ooo

8 ... und nun zum praktischen Teil

Es ist nie zu spät,
das zu werden,
was man hätte sein können.
– George Eliot

Ihr alle seid der Buddha.
– laut Überlieferung die letzten Worte
von Buddha Shakyamuni

Im Verlauf dieses Buches haben wir diskutiert, dass der Schlüssel zum Überwinden aller Hindernisse und zum Erreichen aller Ziele in uns selbst liegt – den Buddhas im jeweils eigenen Spiegel.

Wir haben die gegenseitige Verbindung zwischen uns und den anderen untersucht und zwischen unserem Leben und unserem Umfeld. Wir haben sogar erkundet, wie man dem Tod auf eine neue, zuversichtliche Art begegnen kann. Jetzt bleibt der entscheidende Schritt: das Gelernte in die Praxis umzusetzen, diesen aufregenden Sprung zu wagen vom bloßen Wissensbesitz zur tatsächlichen Verwirklichung unseres riesigen Potenzials. Wie bereits gesagt: Buddhismus ist Vernunft pur – und was kann vernünftiger sein, als nur dem Bedeutung beizumessen, was nach dem Ausprobieren seine Wirksamkeit beweist?

Die Grundausübung ist, wie mehrfach im Buch erwähnt, das Chanten von Nam-Myoho-Renge-Kyo.

Wie das Chanten funktioniert

Nam-Myoho-Renge-Kyo kann überall und jederzeit gechantet werden – am besten so, dass es andere nicht stört. Die Wirkung des Chantens zeigt sich am besten, wenn man regelmäßig praktiziert.

Wir empfehlen, sich morgens und abends etwas Zeit zu nehmen, mindestens 5 Minuten für eine Sitzung. Setze die Dich aufrecht hin, jedoch so, dass Du bequem sitzt. Wenn möglich, setze Dich vor eine leere Wandfläche oder eine andere neutrale Fläche, die Dich nicht ablenkt. Lege die

Handflächen auf Brusthöhe aneinander, die Fingerspitzen zeigen nach oben, ungefähr auf der Höhe des Kinns.

Zur Aussprache von Nam-Myoho-Renge-Kyo:

Nam – wie *Name* ohne e
Myo – wie *Mio*
Ho – wie es sich liest
Ren – wie es sich liest
Ge – wie es sich liest, kurz
Kyo – wie *Kio*

Jede Silbe wird gleich betont:
Nám myó hó rén gé kyó

Beim Chanten wird der Satz ohne Pause wiederholt: Nam-Myoho-Renge-Kyo Nam-Myoho-Renge-Kyo Nam-Myoho-Renge-Kyo und so weiter.

Atme ein, wann immer Dir danach ist, und setze dann Dein rhythmisches Chanten einfach fort. Versuche, in etwa die gleiche Tonhöhe und den gleichen Rhythmus zu halten, aber mache Dir keinen Kopf darüber, denn Du wirst innerhalb kurzer Zeit ganz natürlich hineinfinden.

Du kannst Dich dabei entweder auf ein bestimmtes Ziel oder Problem konzentrieren oder Du kannst Deinen Geist einfach von einem Gedanken zum anderen wandern lassen.

Bald wirst Du ein konkretes Ergebnis sehen. Noch einmal sei hier erwähnt: Du musst nicht davon überzeugt sein, dass dies gleich zu Beginn der Ausübung passiert. Es ist völlig normal, Zweifel daran zu haben. Das Vertrauen in die buddhistische Ausübung beginnt allein schon mit dem ersten Versuch, es einmal auszuprobieren. Mit der Zeit vertieft es sich, wenn Du immer wieder tatsächliche Beweise dafür erhältst, dass es funktioniert. Der Zweifel jedoch ist ein Bestandteil der Ausübung, mit dem Ausübende immer wieder leben müssen. Der deutsche Schriftsteller Hermann Hesse sagte dazu: »Glaube und Zweifel bedingen einander wie Ein- und Ausatmen. Es gibt keinen echten Glauben ohne Zweifel.«

Wichtig dabei ist aber, die eigenen Zweifel als Treibstoff dafür zu nutzen, Antworten auf Deine Fragen zu finden. In der Praxis hilft es deshalb, wenn Du Deine Ausübung damit stärkst, indem Du Dich mit Gleichgesinnten zusammentust, die Dich durch die unvermeidlichen Krisenphasen des Lebens hindurch ermutigen können – und die Du wiederum aufgrund Deiner neuen, aufkeimenden Erfahrungen ermutigen kannst. Wie das Buch immer wieder gezeigt hat, leben wir nicht in einem Vakuum und steigern unsere Bemühungen, anderen dabei zu helfen, glücklich zu werden, direkt unser eigenes Glück.

Wenn Du das Ganze weiter verfolgen willst: Es gibt eine riesige Gemeinschaft von Nichiren-Buddhisten, die Dir auf Deiner großen Expedition zur Seite stehen können.

Die SGI Deutschland hält in allen Bundesländern und größeren Städten Gästeversammlungen und andere Veranstaltungen ab, auch kulturelle. Das Gleiche gilt für Österreich und die Schweiz. Die meisten Versammlungen sind klein, zwanglos und finden in den Wohnungen der Ausübenden statt. In einigen Städten gibt es Gemeinde- und Kulturzentren, zum Beispiel in Hamburg, Bremen, Berlin, München, Bingen, Frankfurt, Düsseldorf sowie in Wien und Zürich. Mit den anderen Buddhisten kannst Du dann den nächsten Schritt der ergänzenden Ausübung lernen, die Rezitation von Teilen aus zwei Kapiteln des Lotos-Sutra, die das zweimalige tägliche Chanten von Nam-Myoho-Renge-Kyo nochmals verstärkt.

Dieser Teil der Ausübung hat ein paar Herausforderungen hinsichtlich der Aussprache; ein erfahrener Buddhist kann dir hier eine große Hilfe sein. Ebenfalls kannst Du den Gohonzon empfangen, das »Objekt der Widmung«, auf das Du Dich beim Chanten konzentrieren kannst. Mit dem Gohonzon kannst Du Deine subjektive Weisheit mit der objektiven Wirklichkeit des Universums in Einklang bringen. (Siehe Kapitel 3 für weitere Erklärungen.)

Einen buddhistischen Freund zu haben, der Dich auf dem Weg begleitet – das ist »zum Dranbleiben« an der Ausübung äußerst hilfreich.

Die SGI in Deutschland, Österreich oder der Schweiz liefert die Infrastruktur dafür, einen solchen Freund oder eine solche Freundin (oder viele!) zu finden. Durch die Dachorganisation namens SGI kannst Du Freunde und Aktivitäten auf der ganzen Welt finden, mittlerweile etwa 12 Millionen in über 190 Ländern.

Am Anfang dieses Buches sprachen wir über das grenzenlose Potenzial von Weisheit, Mut, Hoffnung, Lebensvertrauen, Mitgefühl, Lebenskraft und Durchhaltevermögen, das jeder Mensch hat. Das Abenteuer beginnt, wenn du zum ersten Mal Nam-Myoho-Renge-Kyo chantest – und Dich mit dem Buddha bekannt machst, den Du in Deinem Spiegel erblickst.

ooo

Wenn Du mehr über Versammlungen und Aktivitäten in Deiner Gegend erfahren willst, besuche die Webseite der SGI:

Für Deutschland:
www.sgi-d.org

Oder für Österreich:
www.oesgi.org

Und für die Schweiz:
www.sgi-ch.org

Quellen- und Literaturverzeichnis

Kapitel 1:

1. *Das Lotos-Sutra*, übers. Max Deeg, 2007, Darmstadt, S. 169/170
2. Daisaku Ikeda, *Der Buddha lebt*, München, 1985, S.64/65
3. Daisaku Ikeda, *Der Buddha lebt*, München, 1985, S. 90
4. *Das Lotos-Sutra*, übers. Max Deeg, 2007, Darmstadt, S. 243
5. *Die Schriften Nichiren Daishonins*, Herder Verlag, 2014, S. 16
6. *Die Schriften Nichiren Daishonins*, Herder Verlag, 2014, S. 34

Kapitel 2:

1. *Die Schriften Nichiren Daishonins*, Herder Verlag, 2014, S. 4/5
2. Richard Causton, *Der Buddha des Alltags,* Mörfelden-Walldorf, 1998, S. 168
3. *Die Schriften Nichiren Daishonins*, Herder Verlag, 2014, S. 4
4. leider unbekannt

Kapitel 3:

1. *Die Schriften Nichiren Daishonins*, Herder Verlag, 2014, S. 1375
2. Arnold Toynbee / Daisaku Ikeda, *Wähle das Leben,* Düsseldorf, 1982, S. 26

3. *Die Schriften Nichiren Daishonins*, Herder Verlag, 2014, S. 3
4. Jacob Bronowski, *Der Aufstieg des Menschen,* Frankfurt/M., 1973, S. 364
5. *Die Schriften Nichiren Daishonins*, Herder Verlag, 2014, S. 89

Kapitel 4:

1. *Die Schriften Nichiren Daishonins*, Herder Verlag, 2014, S. 86
2. *Die Schriften Nichiren Daishonins*, Herder Verlag, 2014, S. 1098
3. *Die Schriften Nichiren Daishonins*, Herder Verlag, 2014, S. 372f
4. Aus dem Englischen: Daisaku Ikeda, *Learning from the Gosho: The Eternal Teaching of Nichiren Daishonin,* Santa Monica, Calif.: World Tribune Press, 1997, S. 241
5. Quelle unbekannt
6. Daisaku Ikeda, *My Dear Friends in America*, third edition, Santa Monica, Calif.: World Tribune Press, 2012, S. 479
7. *Die Schriften Nichiren Daishonins*, Herder Verlag, 2014, S. 1053)
8. *Die Schriften Nichiren Daishonins*, Herder Verlag, 2014, S. 844

Kapitel 5:

1. Daisaku Ikeda, *The Way of Youth* (Santa Monica, Calif: World Tribune Press, 2000), S. 40
2. *Die Schriften Nichiren Daishonins*, Herder Verlag, 2014, S. 482

Kapitel 6:

1. *Die Schriften Nichiren Daishonins*, Herder Verlag, 2014, S. 1156)
2. *Die Schriften Nichiren Daishonins*, Herder Verlag, 2014, S. 515)
3. Daisaku Ikeda, *Das Buch vom Glück* (Freiburg, 2014), S. 84
4. Nichiren, *The Record of the Orally Transmitted Teachings,* Tokyo, 2004, S. 3
5. *Die Schriften Nichiren Daishonins*, Herder Verlag, 2014, S. 32
6. Daisaku Ikeda, *Das Buch vom Glück,* Freiburg, 2014, S. 96

Kapitel 7:

1. Daisaku Ikeda, *Das Rätsel des Lebens – eine buddhistische Antwort*, München, 1994, S. 252
2. *Die Schriften Nichiren Daishonins*, Herder Verlag, 2014, S. 265
3. Daisaku Ikeda, *Unlocking the Mysteries of Birth and Death: Buddhism in the Contemporary World,* London: Warner Books, 1994, S. 84-85.
4. Aus dem Engl.: Daisaku Ikeda, *Lectures on the »Expedient Means« and »Life Span« Chapters of the Lotus Sutra,* Santa Monica, Calif.: World Tribune Press, 1996, S. 32-33
5. Nichiren, *The Record of the Orally Transmitted Teachings,* Tokyo: Soka Gakkai, 2004, S. 127128
6. Richard Causton, *Der Buddha des Alltags,* Walldorf, 1998, S. 158
7. Marcel Proust, *Auf der Suche nach der verlorenen Zeit,* http://www.dmpg.de/marcel_proust/zitate/zitate.html

8. *Die Schriften Nichiren Daishonins*, Herder Verlag, 2014, S. 568
9. *Die Gosho Nichiren Daishonins,* Walldorf, 1994, Bd. 1, S.122
10. Daisaku Ikeda, *Das Buch vom Glück,* Freiburg, 2014, S. 209
11. Daisaku Ikeda, aus einer Rede vom 27. August 1997. Nachgedruckt in *Faith Into Action,* Santa Monica, Calif.: World Tribune Press, 1999, S. 23

Index

C

K

L

M

N

O

P

T

U

V

W

Y

Z

Über die Autoren

Woody Hochswender, früher Reporter der New York Times, praktiziert seit über 25 Jahren den Nichiren Buddhismus. Er ist Autor zweier Bücher und zahlreicher Artikel zu unterschiedlichen Themen für namhafte Magazine. Heute lebt er mit seiner Frau und Tochter in Sharon, Connecticut.

Greg Martin ist Vize-Generaldirektor der SGI-USA, der Laienorganisation des Nichiren Buddhismus in den Vereinigten Staaten von Amerika. Während seiner fast 30 jährigen buddhistischen Praxis schrieb und dozierte er über den Nichiren Buddhismus. Er lehrt innerhalb der SGI-USA-Studienabteilung den Nichiren Buddhismus im Range eines Professors. Greg Martin lebt mit seiner Frau in Los Angeles.

Ted Morino ist ebenfalls Vize-Generaldirektor der SGI-USA und derzeit Chefredakteur der Wochenzeitung und des monatlich erscheinenden Magazins Soka Gakkai USA.
Zuvor leitete er die Studienabteilung der SGI-USA. Er ist verantwortlich für die Übersetzung zahlreicher Bücher und Artikel über den Nichiren Buddhismus. Zu diesem Thema hat er in den vergangenen 30 Jahren viele Artikel verfasst und Vorlesungen über den Nichiren-Buddhismus gehalten. Derzeit lebt er mit seiner Frau in Los Angeles.

Dr. Menis Yousry
Verborgene Erinnerungen
Unsere Reise zum wahren Selbst

€ [D] 17,95
Broschur, 258 Seiten
ISBN: 978-3-937883-44-1

Von der Zeit vor unserer Geburt bis ins Kindesalter hinein werden wir von unseren Erfahrungen mit der Welt und unseren Eltern vielfältig und in einer Weise geprägt, derer wir uns nicht wirklich bewusst sind. Im Kindesalter ist unser Gehirn noch nicht weit genug entwickelt, als dass wir aus unseren frühen Erfahrungen lernen könnten. Sie werden daher zu ungelösten, verborgenen Erinnerungen. Im Erwachsenenalter dann werden einige unserer Verhaltensweisen in Bezug auf Situationen und Ereignisse zu Reaktionen auf eine Vergangenheit, die nicht länger existiert. Sie sind automatisierte Schutzreflexe, die uns davon abhalten können, unsere Ziele im Leben zu erreichen.

Dieses Buch enthüllt die machtvollen, unsichtbaren Schwingungen, das heißt die Einflussfaktoren, die unsere Handlungen steuern, uns an die Vergangenheit binden und uns in der Gegenwart zurückhalten. Es gibt uns einfache, aber effektive Übungen an die Hand, um herauszufinden, *wie* genau unsere Handlungen von heute mit unseren frühen Kindheitserfahrungen, den Beziehungen zu unseren Eltern, mit vergangenen Generationen, unserer Geschichte und Kultur verbunden sind. Und es zeigt uns auch, was wir heute dagegen tun können!

Edward Canfor-Dumas
Der Buddha, Geoff und ich
Nie war Buddhismus so amüsant!

€ [D] 12,95
Roman, 352 Seiten
ISBN: 978-3-937883-34-2

Ed hängt total durch – im Job, in der Liebe, tja, eben total. Dann trifft er diesen merkwürdigen Buddhisten – einen, der trinkt, raucht und seine Sprache spricht. Allmählich beginnen die Dinge sich zu verändern ...

Nicht immer befolgt Ed Geoffs Rat. Und wenn doch, knickt er oft im entscheidenden Moment ein. Sein Weg zur Erkenntnis ist kein gerader, vor allem weil ihm das Leben ständig neue Fallstricke legt. Oft stolpert er darüber – so wie die meisten von uns. Aber manchmal kriegt er auch die Kurve. Was zu überraschenden neuen Wendungen führt ...

Zu den TV-Produktionen des preisgekrönte Drehbuchautors Edward Canfor-Dumas zählen unter anderem *Not The Nine O'Clock News*, *The Bill, Kavanagh QC, Tough Love, Pompeij: Der letzte Tag* und *Supervulkan*. In *Der Buddha, Geoff und ich* beweist er sein Talent als Romanautor. Seine Geschichte mit Sogwirkung vom Alltag im Großstadtdschungel fesselt durch markante Figuren mit Stärken und Schwächen. Am Ende gibt es für Ed – und vielleicht uns alle? – einen Hoffnungsschimmer, mit dem niemand ernsthaft gerechnet hat.
Der Buddha, Geoff und ich – für alle, die wissen wollen, wozu der ganze Mist im Leben eigentlich gut ist ...